明文堂編輯部 校閱

詳密註釋 通鑑諺解

【卷之十三】

明文堂

詳密註釋 通鑑諺解【卷之十三】目次

唐紀

肅宗 名亨玄宗第三子 在位七年 壽五十二

以國之元子收兵靈武反旆而東不失舊物可謂賢矣然不思經遠之謀專爲姑息之政節度使由軍士廢立則其他可知矣

(丙申)十五載라 肅宗皇帝至德元載 正月에 祿山이 自稱大燕皇帝라ᄒ고 改元聖武라ᄒ다

十五載라正月에祿山이스스로大燕皇帝라稱ᄒ고元을곳쳐聖武라ᄒ다

顏杲卿이 起兵纔八日에 守備未完이라 史思明蔡希德이 引兵皆至城下어늘 杲卿이 告急於王承業ᄒ되 承業이 欲竊其功ᄒ야 利於城陷ᄒ야 遂擁兵不救라 杲卿이 晝夜拒戰ᄒ야 糧盡矢竭에 城陷ᄒ니 賊이 縱兵殺萬餘人ᄒ고 執杲卿及袁履謙等ᄒ야 送洛陽ᄒ되 祿山이 數之曰汝自范陽戶曹로 我ㅣ 奏汝爲判官ᄒ야 不數年에 超至

羯奴羯地名見前註

中橋天津中橋也 咼音寡剔也

太守ᄒᆞ니 何負於汝완ᄃᆡ 而反耶아 杲卿이 瞋目罵曰(瞋昌人反張目也) 汝ㅣ本營州牧羊羯奴러니(釋義羯居謁反營州柳城雜胡) 天子ㅣ 擢汝爲三道節度使ᄒᆞ시니 恩幸이 無比어늘 何負於汝완ᄃᆡ 而反고 我ᄂᆞᆫ 世爲唐臣에 祿位ㅣ 皆唐有ㅣ라 雖爲汝所奏ᄂᆞ 豈從汝反耶아 我ㅣ爲國討賊에 恨不斬汝ᄒᆞ노니 何爲反也오 臊羯狗아(臊蘇曹反腥也) 何不速殺我오ᄒᆞᆫᄃᆡ 祿山이 大怒ᄒᆞ야 幷袁履謙等ᄒᆞ야 縛於中橋之柱而剮之ᄒᆞ니(剮古瓦反) 杲卿履謙이 比死토록 罵不虛口ᄒᆞ더라

顔杲卿이兵을起ᄒᆞᆫ지겨우八日에守備가完치못ᄒᆞᆫ지라史思明과蔡希德이兵을引ᄒᆞ고다城下에至ᄒᆞ거늘杲卿이急홈을王承業에게告ᄒᆞᆫᄃᆡ承業이그功을竊코ᄌᆞᄒᆞ야城陷홈에利ᄒᆞ야ᄃᆡ드여兵을擁ᄒᆞ고救치안는지라杲卿이晝夜로拒戰ᄒᆞ야糧이盡ᄒᆞ고矢가竭ᄒᆞ야城이陷ᄒᆞ니賊이兵을노와萬餘人을殺ᄒᆞ고杲卿과밋袁履謙等을執ᄒᆞ야洛陽으로送ᄒᆞᆫᄃᆡ祿山이數ᄒᆞ야曰汝ㅣ范陽戶曹로自ᄒᆞᆫ지라我ㅣ汝를奏ᄒᆞ야判官을솜어數年이되지못ᄒᆞ야太守에超至ᄒᆞ얏스니何가汝에負ᄒᆞ엿관ᄃᆡ反ᄒᆞᄂᆞ냐杲卿이目을瞋ᄒᆞ고罵ᄒᆞ야曰汝ㅣ本히營州에牧羊羯奴러니天子ㅣ汝를擢

ᄒᆞ야三道節度使를ᄉᆞᆷ으시니恩幸이比ᄒᆞᆯ데업거늘何가汝에負ᄒᆞ얏 ᄃᆡ反ᄒᆞ고我
는世로唐臣이되미祿位가다唐에有ᄒᆞᆫ지라비록汝의奏ᄒᆞᆫ바되나엇지汝를從ᄒᆞ야
反ᄒᆞ랴我ㅣ國을爲ᄒᆞ야賊을討ᄒᆞ미斬汝치못ᄒᆞᆷ을恨ᄒᆞ노니엇지反ᄒᆞ리오臊羯狗
아웃지我를速殺치안나뇨ᄒᆞᆫᄃᆡ祿山이大怒ᄒᆞ야袁履謙等을아울너中橋柱에縛ᄒᆞ
고咼ᄒᆞᆫ니杲卿과履謙이死에比ᄒᆞ도록罵不虛口ᄒᆞ더라

上이命郭子儀ᄒᆞ야進取東京ᄒᆞᆯᄉᆡ選良將一人ᄒᆞ야分兵先出井陘ᄒᆞ야
定河北ᄒᆞ다子儀ㅣ薦李光弼ᄒᆞ야爲河東節度使ᄒᆞ야分朔方兵萬
人與之ᄒᆞ니라二月에光弼이至常山ᄒᆞ니常山兵이執安思義出降이라
史思明이失勢ᄒᆞ야退入九門ᄒᆞ니時에常山九縣에七附官軍ᄒᆞ고惟
九門藁城이爲賊所據ᄒᆞ더라

上이郭子儀를命ᄒᆞ야東京을進取ᄒᆞᆯᄉᆡ良將一人을選ᄒᆞ야兵을分ᄒᆞ야井陘에先出
ᄒᆞ야河北을定ᄒᆞ다子儀ㅣ李光弼을薦ᄒᆞ야河東節度使를ᄉᆞᆷ어朔方兵萬人을分ᄒᆞ
야與ᄒᆞ엿더니二月에光弼이常山에至ᄒᆞ니常山兵이安思義를執ᄒᆞ고出降ᄒᆞᆫ지
라史思明이勢를失ᄒᆞ야九門으로退入ᄒᆞ니時에常山九縣에七은官軍에附ᄒᆞ고오
직九門藁城이賊의據ᄒᆞᆫ바되엿더라

玄元皇帝 高宗進號老子曰太上玄元皇帝唐祖老子

賈賁賁彼義反令狐復姓雍丘令百礮

礮俗作砲戰石也彙機石也唐李密傳以機蔟戶爲攻城具夜縋縋說文以繩有所懸也斫營註斫賊營壘

先是에 譙郡太守楊萬石이 以郡으로 降安祿山ᄒᆞ고 逼眞源令張巡ᄒᆞ야 使爲長史ᄒᆞ야 西迎賊ᄒᆞᆫ대 巡이 至眞源ᄒᆞ야 帥吏民ᄒᆞ고 哭於玄元皇帝廟ᄒᆞ고 起兵討賊ᄒᆞ니 吏民樂從者ㅣ 數千人이라 巡이 選精兵千人ᄒᆞ야 至雍丘ᄒᆞ야 與賈賁으로 合ᄒᆞ다 令狐潮ㅣ 引賊精兵ᄒᆞ야 攻雍丘ᄒᆞ니 賁이 出戰敗死어늘 張巡이 力戰却賊ᄒᆞ고 因兼領賁衆ᄒᆞ야 乃使千人으로 乘城ᄒᆞ고 自帥千人ᄒᆞ야 分數隊ᄒᆞ야 開門突出ᄒᆞ야 巡이 身先士卒ᄒᆞ야 直衝賊陣ᄒᆞ니 人馬ㅣ 辟易ᄒᆞ다 (釋義辟易驚卻貌漢書註云謂開張而易其本處也) 賊이 遂退가라 明日에 復進攻城ᄒᆞ고 設百礮環城ᄒᆞ니 樓堞이 皆盡이라 (釋義礮披敎反機石也環音患繞也堞達叶反城上女垣也) 巡이 於城上에 立木柵以拒之ᄒᆞ니 賊이 蟻附而登이어늘 巡이 束蒿灌脂ᄒᆞ야 焚而投之ᄒᆞ니 賊이 不得上이라 時에 伺賊隙ᄒᆞ야 出兵擊之ᄒᆞ다 或夜縋斫營ᄒᆞ야 (釋義縋直爲反垂繩也) 積六十餘日에 大小三百餘戰ᄒᆞᆯ서 帶甲而食ᄒᆞ고 裹瘡復戰ᄒᆞ니 賊이 遂敗走어늘 巡이 乘勝追之ᄒᆞ야 獲胡兵二千人而還

ᄒᆞ니**軍聲**이**大振**이러라

先是에譙郡太守楊萬石이郡으로써安祿山에게降ᄒᆞ고眞源令張巡을逼ᄒᆞ야ᄒᆞ야금長史를ᄉᆞᆷ어西으로賊을迎케ᄒᆞᆫᄃᆡ巡이眞源에일으러吏民을帥ᄒᆞ고玄元皇帝廟에哭ᄒᆞ고兵을起ᄒᆞ야賊을討ᄒᆞ니吏民이樂從ᄒᆞᄂᆞᆫ者ㅣ數千人이라巡이精兵千人을選ᄒᆞ야雍丘에일으러賈賁으로더부러合ᄒᆞ다令狐潮　賊의精兵을引ᄒᆞ야雍丘를攻ᄒᆞ니賁이出ᄒᆞ야戰타가敗死ᄒᆞ거ᄂᆞᆯ張巡이力戰ᄒᆞ야賊을却ᄒᆞ고因ᄒᆞ야賁의衆을兼領ᄒᆞ야이에千人으로ᄒᆞ야금城을乘케ᄒᆞ고ᄉᆞᄉᆞ로千人을帥ᄒᆞ고數隊로分ᄒᆞ야門을開ᄒᆞ고突出ᄒᆞ야巡이身을士卒에先ᄒᆞ야賊陣을直衝ᄒᆞ니人과馬ㅣ辟易ᄒᆞᄂᆞᆫ지라賊이듸드여退ᄒᆞ다가明日에다시進ᄒᆞ야城을攻ᄒᆞ고百礮을設ᄒᆞ야城에環ᄒᆞ니樓堞이다盡ᄒᆞᆫ지라巡이城上에木柵을立ᄒᆞ야써拒ᄒᆞ니賊이蟻附ᄒᆞ야登ᄒᆞ거ᄂᆞᆯ巡이蒿을束ᄒᆞ고脂를灌ᄒᆞ야焚ᄒᆞ야投ᄒᆞ니賊이上ᄒᆞᆷ을得지못ᄒᆞᄂᆞᆫ지라時에賊의隙을伺ᄒᆞ야兵을ᄂᆡ여擊ᄒᆞ다ᄒᆞᆨ夜에縋ᄒᆞ야營을斫ᄒᆞ야六十餘日을積ᄒᆞᆷ에大小三百餘戰ᄒᆞᆯᄉᆡ甲을帶ᄒᆞ고食ᄒᆞ고瘡을裹ᄒᆞ고다시戰ᄒᆞ니賊이드듸여敗走ᄒᆞ거ᄂᆞᆯ巡이勝을乘ᄒᆞ야追ᄒᆞ야胡兵二千人을獲ᄒᆞ야還ᄒᆞ니軍聲이크게振ᄒᆞ더라

五月에**令狐潮**ㅣ**復引兵攻雍丘**ᄒᆞ다**潮**ㅣ**與張巡**으로**有舊**라**於城下**에**相勞苦如平生**ᄒᆞ고(釋義勞郞到反慰勞也釋云恤其勤苦也) **潮**ㅣ**因說巡曰天下事**ㅣ**去**

史思明崔
乾祐省賊
將楊國忠
疑翰謀己
言翰逼留
不進將失
旅會上遣
中使促之
項背狃望

矣라 足下ㅣ堅守危城ᄒᆞ니 欲誰爲乎아 巡이 曰足下ㅣ平生에 以忠義로 自許러니 今日之擧는 忠義ㅣ何在오 潮ㅣ慚而退러라

五月에令狐潮ㅣ다시兵을引ᄒᆞ야雍丘를치다潮ㅣ張巡으로더부러舊가有ᄒᆞᆫ지라城下에서相히勞苦키를平生갓치ᄒᆞ고潮ㅣ因ᄒᆞ야巡을說ᄒᆞ여曰天下事ㅣ去ᄒᆞᆫ지라足下ㅣ危城을堅守ᄒᆞ니誰을爲코져홈이냐巡이曰足下ㅣ平生에忠義로써스ᄉᆞ로許ᄒᆞ더니今日에擧홈은忠義가何에在ᄒᆞ뇨潮ㅣ慚ᄒᆞ야退ᄒᆞ더라

郭子儀李光弼이 還常山ᄒᆞ니 史思明이 收散卒數萬ᄒᆞ야 踵其後어늘 子儀ㅣ至恒陽ᄒᆞ니 思明이 隨至라 子儀ㅣ深溝高壘ᄒᆞ야 以待之라가 賊이 來則守ᄒᆞ고 去則追之ᄒᆞ고 晝則耀兵ᄒᆞ고 夜斫其營ᄒᆞ니 賊이 不得休息이마 數日에 子儀光弼이 議曰賊이 倦矣니 可以出戰이라ᄒᆞ고 戰于嘉山大破之ᄒᆞ야 斬首四萬級ᄒᆞ고 捕虜千餘人ᄒᆞ니 思明이 墜馬ᄒᆞ야 奔于博陵이어늘 光弼이 就圍之ᄒᆞ니 軍聲이 大振이러라

郭子儀와李光弼이常山으로還ᄒᆞ니史思明이散卒數萬을收ᄒᆞ야그後를踵ᄒᆞ거늘子儀ㅣ恒陽에至ᄒᆞ니思明이隨ᄒᆞ야至ᄒᆞᆫ지라子儀ㅣ溝를深히ᄒᆞ고壘를高히ᄒᆞ

撫膺擊胷
也
火拔虜複
姓執翰降
賊目翰降
祿山問翰
曰汝常輕
我今曰如
何翰伏地
對曰臣向
眼不識聖
人祿山大
悅

야써待ᄒᆞ다가賊이來ᄒᆞᆫ則守ᄒᆞ고去ᄒᆞᆫ則追ᄒᆞ고晝인즉兵을耀ᄒᆞ고夜에그營을斫ᄒᆞ니賊이休息을得지못ᄒᆞᄂᆞᆫ지라數日에子儀와光弼이議ᄒᆞ야曰賊이倦ᄒᆞ엿ᄉᆞ니可히써出戰ᄒᆞᆯ만ᄒᆞ다ᄒᆞ고嘉山에셔戰ᄒᆞ야大破ᄒᆞ야首四萬級을斬ᄒᆞ고千餘人을捕虜ᄒᆞ니思明이馬에墜ᄒᆞ야博陵으로奔ᄒᆞ거ᄂᆞᆯ光弼이就ᄒᆞ야圍ᄒᆞ니軍聲이크게振ᄒᆞ더라

於是에河北十餘郡이皆殺賊守將而降ᄒᆞ니漁陽路ㅣ再絕이라賊將士ㅣ家在漁陽者ㅣ無不搖心이어ᄂᆞᆯ祿山이大懼ᄒᆞ야議棄洛陽ᄒᆞ고走歸范陽ᄒᆞ다會에有告崔乾祐ㅣ在陝ᄒᆞ되兵不滿四千이오皆羸弱無備ᄒᆞ라ᄒᆞ야ᄂᆞᆯ上이遣使趣哥舒翰ᄒᆞ야進兵復陝洛ᄒᆞ니翰이不得已撫膺慟哭ᄒᆞ고引兵出關이라가遇崔乾祐之軍於靈寶西原ᄒᆞ야翰이大敗ᄒᆞ니囂聲이振天地라賊이乘勝蹙之ᄒᆞ니後軍이亦潰라河北軍이望之奔潰ᄒᆞ야瞬息間에兩岸이皆空이어ᄂᆞᆯ翰이獨與麾下百餘騎로入關ᄒᆞ니乾祐ㅣ進攻潼關克之어ᄂᆞᆯ蕃將火拔歸仁이執翰降賊ᄒᆞ니

上懼 哥舒麾下來告急及日暮平安火不至故上始懼也
胡餅 註即蒸餅也以胡麻着之也一

祿山이以翰으로爲司空ᄒᆞ야同平章事ᄒᆞ다

이예河北十餘郡이다賊의守將을殺ᄒᆞ야降ᄒᆞ니漁陽의路ㅣ再絕ᄒᆞᆫ지라賊將士ㅣ家가漁陽에在ᄒᆞᆫ者ㅣ心을搖치안ᄂᆞᆫ이無ᄒᆞ거ᄂᆞᆯ祿山이크게懼ᄒᆞ야洛陽을棄ᄒᆞ고范陽으로走歸ᄒᆞᆷ을議ᄒᆞ다會에崔乾祐ㅣ陝에在호ᄃᆡ兵이四千에ᄎᆞ지못ᄒᆞ고다羸弱ᄒᆞ야備ᄒᆞᆷ이無ᄒᆞ다고告ᄒᆞᄂᆞᆫ이가有ᄒᆞ거ᄂᆞᆯㅣ이使를遣ᄒᆞ야哥舒翰을趣ᄒᆞ야兵을ᄂᆡ여陝洛을復케ᄒᆞ니翰이不得已ᄒᆞ야膺을撫ᄒᆞ고慟哭ᄒᆞ고兵을引ᄒᆞ고關을出ᄒᆞ다가崔乾祐의軍을靈寶西原에셔遇ᄒᆞ야翰이크게敗ᄒᆞ니囂聲이天地에振ᄒᆞᄂᆞᆫ지라賊이勝을乘ᄒᆞ야蹙ᄒᆞ니後軍이ᄯᅩᄒᆞᆫ潰ᄒᆞᄂᆞᆫ지라河北軍이望ᄒᆞ고奔潰ᄒᆞ야瞬息間에兩岸이다空ᄒᆞ거ᄂᆞᆯ翰이홀노麾下百餘騎로더부러關에入ᄒᆞ니乾祐ㅣ潼關을進攻ᄒᆞ야克ᄒᆞ거ᄂᆞᆯ蕃將火拔歸仁이翰을執ᄒᆞ야賊에게降ᄒᆞ니祿山이翰으로ᄡᅥ司空을삼어平章事를同케ᄒᆞ다

上이懼ᄒᆞ야召宰相謀之ᄒᆞ니楊國忠이首唱幸蜀之策이어ᄂᆞᆯ上이然之ᄒᆞ야乙未에出延秋門ᄒᆞ야至咸陽ᄒᆞ니日이向中이라上이猶未食이어ᄂᆞᆯ國忠이自市胡餅以獻ᄒᆞ니於是에民이爭獻糲飯이라(糲郎葛反)有老父郭從謹ᄒᆞ야進言曰祿山이包藏禍心은固非一日이라亦有詣闕ᄒᆞ야告其謀

云爐餅胡人所啗故曰胡餅糲飯一斛粟舂七斗米爲粉也逞其逞恣肆快意播越播遷顚越也

者면 陛下ㅣ往往誅之ᄒᆞ야 使得逞其姦逆ᄒᆞ야 致陛下播越ᄒᆞ시니 是以로 先王이 務延訪忠良ᄒᆞ야 以廣聰明은 蓋爲此也ㅣ니이다 臣이 猶記宋璟이 爲相에 數進直言ᄒᆞ니 天下ㅣ賴以安平이러니 自頃以來로 在廷之臣이 以言爲諱ᄒᆞ고 惟阿諛取容ᄒᆞ니 是以로 闕門之外는 陛下ㅣ皆不得知ᄒᆞ시니 草野之臣은 必知有今日이 久矣로이다 但九重이 嚴邃ᄒᆞ야 區區之心을 無路上達ᄒᆞ니 事不至此면 臣이 何由得睹陛下之面而訴之乎잇가 上이 曰此는 朕之不明이니 悔無所及이라ᄒᆞ고 諭慰而遣之ᄒᆞ다

上이 懼ᄒᆞ야 宰相을 召ᄒᆞ야 謀ᄒᆞ니 楊國忠이 蜀으로 幸ᄒᆞᆯ 策을 唱ᄒᆞ거늘 上이 然히 여여 乙未에 延秋門으로 나아가 咸陽에 至ᄒᆞ니 日이 中을 向ᄒᆞᆫ지라 上이 오히려 食치 못ᄒᆞ엿거늘 忠國이 스ᄉᆞ로 胡餅을 市ᄒᆞ야 써 獻ᄒᆞ니 是에 民이 糲飯을 爭獻ᄒᆞ더라 老父郭從謹이 有ᄒᆞ야 言을 進ᄒᆞ야 日祿山이 禍心을 包藏ᄒᆞᆷ은 진실로 一日뿐이 아니라 또ᄒᆞᆫ 闕에 詣ᄒᆞ야 其謀를 告ᄒᆞᄂᆞᆫ 者ㅣ有ᄒᆞ면 陛下ㅣ 往々히 誅ᄒᆞ야 ᄒᆞ야금 그 姦逆을 得逞ᄒᆞ야 陛下ㅣ 播越ᄒᆞ심에 致ᄒᆞ니 是로써 先王이 忠良을 延訪ᄒᆞᆷ을 務ᄒᆞ야 써 聰明

을廣홈은되게此를爲홈이니이다臣이오히려記호건되宋璟이相됨에直言을數進호니天下ㅣ賴호야써安平호더니頃으로부터써來홈으로廷에在호臣이言으로써諱를호고오작阿諛로容을取호니是로써闕門에外는陛下ㅣ다得知치못호시나草野에臣은반다시今日이有홀줄知홈이久호니이다다만九重이嚴호고遂호야區區호心을上達홀길이업섯스니事가此에至치안엇더면臣이何由로陛下의面을得睹호야訴호리잇가上이골오되此는朕이明치못홈이니悔호되及홀바이업다호고慰諭호야遣호다

至馬嵬驛호야(釋義馬嵬地名也在咸陽西今安西路興平縣正西三十五里有馬嵬坡) 將士ㅣ飢疲호야皆憤怒어늘 陳玄禮ㅣ以禍ㅣ由楊國忠이라호야 欲誅之러니 會에 吐蕃使者二十餘人이遮國忠馬호고訴以無食이어늘 國忠이未及對에 軍士ㅣ呼曰國忠이與胡虜로謀反이라호고 追殺之호야 以槍으로揭其首호니 上이杖屨로出驛門호야 慰勞軍士호고 令收隊호되 軍士ㅣ不應이어늘 上이使高力士로問之호되 玄禮ㅣ對曰國忠이謀反에 貴妃를 不宜供奉이니 願陛下는割恩正法호소서 上이 曰貴妃ㅣ常居深宮호니 安知

國忠謀反오리 高力士ㅣ曰ㅣ貴妃ㅣ誠無罪나 然이나 將士ㅣ已殺國忠而貴妃ㅣ在陛下左右하니 豈敢自安이리잇고 願陛下는 審思之하소셔 將士ㅣ安則陛下ㅣ安矣시리이다 上이 乃命力士하야 引貴妃於佛堂하야 縊殺之하고 輿尸寘驛庭하고 召玄禮等入視之하니 於是에 始整部伍하야 爲行計러라

馬嵬驛에至ᄒᆞ야將士ㅣ飢疲ᄒᆞ야다憤怒ᄒᆞ거ᄂᆞᆯ陳玄禮ㅣ禍로써楊國忠을由ᄒᆞᆷ이라ᄒᆞ야誅코ᄌᆞᄒᆞ더니會에吐蕃使者二十餘人이國忠의馬를遮ᄒᆞ고食이無ᄒᆞᆷ으로써訴ᄒᆞ거ᄂᆞᆯ國忠이밋쳐對치못ᄒᆞᆷ에軍士ㅣ呼ᄒᆞ야曰忠國이胡虜로더부러反ᄒᆞᆷ을謀ᄒᆞ다ᄒᆞ고追ᄒᆞ야殺ᄒᆞ야槍으로써그首를揭ᄒᆞ니上이杖屨로驛門에出ᄒᆞ야軍士를慰勞ᄒᆞ고ᄒᆞ야금隊를收ᄒᆞ라ᄒᆞ되軍士ㅣ應치안커ᄂᆞᆯ上이高力士로ᄒᆞ야금問ᄒᆞᆫᄃᆡ玄禮ㅣ對ᄒᆞ야曰國忠이反을謀ᄒᆞ미貴妃를맛당히供奉치못ᄒᆞᆯ지니願컨ᄃᆡ陛下ᄂᆞᆫ恩을割ᄒᆞ고法을正ᄒᆞ소셔上이曰貴妃가深宮에常居ᄒᆞ니엇지國忠의反ᄒᆞᄂᆞᆫ謀를知ᄒᆞ리오高力士ㅣ曰貴妃가진실로罪업스나그러나將士ㅣ임의國忠을殺ᄒᆞ얏고貴妃ㅣ陛下左右에在ᄒᆞ니엇지敢히스사로安ᄒᆞ리잇고願컨ᄃᆡ陛下ᄂᆞᆫ審ᄒᆞ야思ᄒᆞ소셔將士ㅣ安ᄒᆞᆫ즉陛下ㅣ安ᄒᆞ시리이다上이이에力士를命ᄒᆞ야貴妃를佛堂으

陵寢註 古者宗廟前廟后寢至秦始出寢起於廟側陵上寢殿有衣冠凡杖象圭之具

郭李 郭子儀李光弼

로引ᄒᆞ야縊殺ᄒᆞ고屍를輿ᄒᆞ야驛庭에寘ᄒᆞ고玄禮의等을召ᄒᆞ야入視케ᄒᆞ니是에
바로소部伍를整ᄒᆞ야行計를ᄒᆞ더라
上이將發馬嵬ᄒᆞᆯ서父老ㅣ皆遮道請留曰宮闕은陛下家居오陵
寢은陛下墳墓ㅣ시니今捨此欲何之시니잇고上이爲之按轡久之ᄒᆞ고乃
命太子ᄒᆞ야於後에宣慰父老ᄒᆞ라ᄒᆞ니父老ㅣ因曰至尊이旣不肯留ᄒᆞ시니
某等이願帥子弟ᄒᆞ고從殿下ᄒᆞ야東破賊ᄒᆞ고取長安ᄒᆞ리니若殿下ㅣ與
至尊으로皆入蜀이시면使中原百姓으로誰爲之主리잇고須臾에聚至數
千人이라太子ㅣ不可曰至尊이遠冒險阻ᄒᆞ시니吾ㅣ豈忍朝夕에離
左右리오且吾ㅣ尙未面辭ᄒᆞ니當還白至尊ᄒᆞ야更稟進止ᄒᆞ리라ᄒᆞ고涕泣
跋馬欲西ᄒᆞ더니(釋義跋回也)建寧王倓이(音談)與李輔國으로執鞚諫曰(釋義鞚苦貢反馬勒也)
逆胡ㅣ犯闕에四海ㅣ分崩ᄒᆞ니不因人情이면何以興復이리오今殿下
從至尊ᄒᆞ시入蜀ᄒᆞ고若賊兵이燒絶棧道則中原之地는拱手
授賊矣니라不如收西北守邊之兵ᄒᆞ고召郭李於河北ᄒᆞ야與之

在後故南向號泣

倂力이니東討逆賊ᄒᆞ야克復二京ᄒᆞ고削平四海ᄒᆞ야以迎至尊이豈非孝之大者乎리오何必區區溫凊ᄒᆞ야爲兒女之戀乎잇가廣平王俶이亦勸太子留ᄒᆞ고父老ㅣ共擁太子馬ᄒᆞ야不得行이라上이總轡待太子ᄒᆞ되久不至어늘使人偵之ᄒᆞᆫ되(釋義偵丑正反間也)還白狀이어늘上이曰天也라乃命分後軍二千人及飛龍廐馬ᄒᆞ야從太子ᄒᆞ고且諭將士曰太子ㅣ仁孝ᄒᆞ야可奉宗廟ᄒᆞ리니汝曹는善輔佐之ᄒᆞ라ᄒᆞ고又諭太子曰西北諸胡를吾ㅣ撫之素厚ᄒᆞ니汝ㅣ必得其用ᄒᆞ리라太子ㅣ南向號泣而已리라又宣旨ᄒᆞ야欲傳位太子ᄒᆞ니太子ㅣ不受ᄒᆞ다俶倓은皆太子之子也라

上이將차馬嵬를發ᄒᆞ려ᄒᆞᆯᄉᆡ父老ㅣ다道를遮ᄒᆞ고留ᄒᆞ믈請ᄒᆞ야曰宮闕은陛下의家居요陵寢은陛下의墳墓시니今에此를捨ᄒᆞ고何로之코ᄌᆞᄒᆞ시ᄂᆞ잇고上이轡를按ᄒᆞ기久히ᄒᆞ고이에太子를命ᄒᆞ야後에서父老를宣慰ᄒᆞ라ᄒᆞ니父老ㅣ因ᄒᆞ야ᄀᆞᆯ오ᄃᆡ至尊이임의留ᄒᆞ기를肯치아니ᄒᆞ시니某等이願컨ᄃᆡ子弟를帥ᄒᆞ고殿下를從

ᄒᆞ야東으로賊을破ᄒᆞ고長安을取ᄒᆞ리니만일殿下ㅣ至尊으로與ᄒᆞ야皆蜀애入ᄒᆞ
시면中原百姓으로ᄒᆞ야금誰로主를爲ᄒᆞ리잇고須臾에聚홈이數千人에至ᄒᆞᄂᆞᆫ지라
太子ㅣ可치안케여겨曰至尊이遠히險阻를冒ᄒᆞ시니吾ㅣ엇지忍히朝夕에左右를
離ᄒᆞ리오또ᄒᆞ오히려面으로辭치못ᄒᆞ엿스니當히還ᄒᆞ여至尊케白ᄒᆞ고다시進ᄒᆞ
시믈止케稟호리라ᄒᆞ고涕泣ᄒᆞ며馬를跋ᄒᆞ야西으로ᄒᆞ고쟈ᄒᆞᆫ틔建寧王이李輔國
으로더부러鞚을執ᄒᆞ고諫히曰逆胡ㅣ闕을犯ᄒᆞ미四海가分崩ᄒᆞ니人情을因ᄒᆞ지
아니ᄒᆞ면엇지써興復ᄒᆞ리오今에殿下ㅣ至尊을從ᄒᆞ야蜀에入ᄒᆞ시고만일賊兵이
棧道를燒絕ᄒᆞᆫ죽中原의地ᄂᆞᆫ手를拱ᄒᆞ고賊를授ᄒᆞ리니西北守邊ᄒᆞᆫ兵을収ᄒᆞ고郭
과李를河北에召ᄒᆞ야더부러力을幷ᄒᆞ니만不如ᄒᆞ니東으로逆賊을討ᄒᆞ야二京을
克復ᄒᆞ고四海를剷平ᄒᆞ야써至尊을迎홈이엇지孝에大者가아니리오엇지반다시
區々이溫과凊ᄒᆞ야兒女의戀々홈을爲ᄒᆞ시리잇고廣平王俶이또ᄒᆞᆫ太子ㅣ留홈을
勸ᄒᆞ고父老ㅣᄒᆞᆫ가지太子의馬를擁ᄒᆞ야行ᄒᆞ기를得지못ᄒᆞ게ᄒᆞᄂᆞᆫ지라上이轡를
總ᄒᆞ고太子를待ᄒᆞ더니久히至치안ᄂᆞᆫ지라人을使ᄒᆞ야偵ᄒᆞᆫ틔還히狀을白ᄒᆞᆫ거ᄂᆞᆯ
上이曰天이라이에命ᄒᆞ야後軍二千人과밋飛龍廐馬를分ᄒᆞ야太子를從케ᄒᆞ고또
將士를諭ᄒᆞ야曰太子ㅣ仁ᄒᆞ고孝ᄒᆞ야可히宗廟를奉ᄒᆞ리니汝曹ᄂᆞᆫ善히輔ᄒᆞ고佐
ᄒᆞ라ᄒᆞ고또太子를諭히曰西北에諸胡를吾ㅣ素히厚로撫ᄒᆞ얏스니汝ㅣ반다시그
用홈을得호리라太子ㅣ南向ᄒᆞ야號泣ᄒᆞᆯᄯᆞ름이라도旨를宣ᄒᆞ야位를太子게傳코

回紇其先匈奴

존ᄒᆞ니太子ㅣ受치안타俶과倓은다太子의子러라

安祿山이不意上이遽西幸ᄒᆞ고遣使ᄒᆞ야止崔乾祐兵ᄒᆞ야留潼關凡十日에乃遣孫孝哲ᄒᆞ야將兵入長安ᄒᆞ니於是에賊勢ㅣ大熾ㅣ나然이나賊將이皆麁猛無遠畧ᄒᆞ야旣克長安에自以爲得志ᄒᆞ야日夜에縱酒ᄒᆞ고專以聲色寶賄로爲事ᄒᆞ고無復西出之意故로上이得安行入蜀ᄒᆞ고太子ㅣ北行에亦無追迫之患이러라

安祿山이上이遽히西幸허를意치못ᄒᆞ고使를遣ᄒᆞ야崔乾祐의兵을止ᄒᆞ야潼關에留ᄒᆞᆫ지凡十日에이에孫孝哲을遣ᄒᆞ야兵을將ᄒᆞ고長安에入ᄒᆞ니是에賊勢ㅣ크게熾ᄒᆞ나그러ᄒᆞ나賊의將이다麁코猛ᄒᆞ고遠略이無ᄒᆞ야임의長安을克ᄒᆞᆷ의스ᄉᆞ로써志를得ᄒᆞ엿다ᄒᆞ야日夜에酒를縱ᄒᆞ고專혀聲色과寶賄로써事를ᄒᆞ고다시西으로出ᄒᆞᆯ意가無ᄒᆞᆫ고로上이安히行ᄒᆞ야蜀에入ᄒᆞᆷ을得ᄒᆞ고太子ㅣ北으로行ᄒᆞ미또ᄒᆞᆫ追迫의患이無ᄒᆞ더라

太子ㅣ至平凉 釋義平凉舊屬隴右今平凉府有平凉縣在陝西 數日에朔方留後杜鴻漸이迎太子於平凉北境ᄒᆞ고說太子曰朔方은天下勁兵處也라今에吐

蕃이請和ᄒᆞ고回紇이內附ᄒᆞ고四方郡縣이大抵堅守拒賊ᄒᆞ야以俟興復ᄒᆞ니殿下ㅣ今理兵靈武ᄒᆞ야按轡長驅ᄒᆞ야移檄四方ᄒᆞ야收攬忠義則逆賊을不足屠也니이다秋七月에太子ㅣ至靈武ᄒᆞ니(釋義靈武漢朔方郡也今夏州是括地志云靈武即蕭關也)裴冕杜鴻漸等이上太子牋ᄒᆞ야(釋義牋表誠書也於書中有所表記之也)請遵馬嵬之令ᄒᆞ야卽皇帝位ᄒᆞᆫ대太子ㅣ不許ᄒᆞ여늘冕等이言曰將士는皆關中人이라日夜思歸ᄒᆞ되所以崎嶇從殿下ᄒᆞ야遠涉沙塞者는冀尺寸之功이니若一朝離散이면不可復集이라願陛下는勉徇衆心ᄒᆞ야爲社稷計ᄒᆞ소서牋을五上에太子ㅣ乃許之ᄒᆞ고是日에肅宗이卽位於靈武ᄒᆞ야尊玄宗曰上皇天帝라ᄒᆞ고赦天下ᄒᆞ고改元至德이라ᄒᆞ다

太子ㅣ平凉에至ᄒᆞᆫ지數日에朔方留後杜鴻漸이太子를平凉北境에迎ᄒᆞ고太子를說ᄒᆞ여曰朔方은天下勁兵의處ㅣ라今에吐蕃이和를請ᄒᆞ고回紇이內로附ᄒᆞ고四方에郡縣이大抵堅하守ᄒᆞ야賊을拒ᄒᆞ야써興復ᄒᆞ기를俟ᄒᆞ니殿下ㅣ今에兵을靈武에理ᄒᆞ야轡를按ᄒᆞ고長히驅ᄒᆞ야檄을四方에移ᄒᆞ야忠義를收攬ᄒᆞᆫ則逆賊은足

不免其身中宗爲韋后所殺又敗以女子謂楊貴妃成天寶之亂

하屠홀것이업나니이다秋七月에太子ㅣ靈武에至호니裵冕과杜鴻漸等이太子게牋을上호야馬嵬의命을遵호야皇帝位에即홈을請헌듸太子ㅣ許치안커늘冕等이言호야日將士는다關中人이라日과夜로歸키를思호듸써崎嶇호야殿下를從호야遠히沙塞를涉헌者는尺寸의功을冀홈이니만일一朝에離散허면可히復集지못헐지라願컨듸陛下는衆心을勉호야徇호야社稷을爲호야計호소셔牋을다셧번上허미太子ㅣ乃許허고是日에肅宗이位를靈武에셔即호고玄宗을尊하야日上皇天帝라허고天下를赦허고元을改허여至德이라허다

本紀贊에日睿宗이因其子之功而在位不久호니 固無可稱者로다 嗚呼라 女子之禍於人者ㅣ甚矣라 自高祖로 至于中宗히 數十年間에 再罹女禍호야 唐祚ㅣ旣絕而復續호니 中宗이 不免其身호고 韋氏ㅣ遂以滅族이라 玄宗이 親平其亂호야 可以鑑矣나 而又敗以女子로다 方其勵精政事호야 開元之際에 幾致太平호니 何其盛也러니 及侈心이 一動에 窮天下之欲호되 不足爲其樂而溺其所甚愛호고 忘其所可戒호야 至於竄身失國而不悔호니 考其始終之

李勉目高祖之子鄭王元懿之曾孫也

異컨디性習之相遠也ㅣ至於如此ᄒᆞ니可不愼哉아

本紀贊에曰僖宗이그子의功을因하야位에在홈이久치못허니진실노可히稱헐者無ᄒᆞ도다嗚呼라女子ㅣ人에禍됨이甚ᄒᆞᆫ지라高祖로부터中宗에至헌지數十年間에두번女禍를罹ᄒᆞ야唐祚ㅣ임의絶ᄒᆞ다가다시續ᄒᆞ니中宗이그身을免치못허고韋氏ㅣ드듸여써族을滅ᄒᆞᆫ지라玄宗이親히그亂을平ᄒᆞ야可히써鑒ᄒᆞ겟스나또女子로써敗ᄒᆞ엿도다바야로그政事를勵精하야開元의際에거의太平을致ᄒᆞ니엇지그리盛허더니侈心이한번動홈에及하야天下의欲을窮호ᄃᆡ足히그樂이되지못ᄒᆞ야그甚히愛헌바에溺허고그可히戒헐바를忘ᄒᆞ야身을竄허고國을失헌데至호ᄃᆡ悔치아니ᄒᆞ니그始終의異를考컨ᄃᆡ習性의相遠이如此홈에至ᄒᆞ니可히愼치아니ᄒᆞ랴

時에塞上精兵은皆選入討賊ᄒᆞ고惟餘老弱이守邊ᄒᆞ니文武官이不滿三十人이라披草萊立朝廷ᄒᆞ니制度ㅣ草創ᄒᆞ야武人이驕慢이라大將管崇嗣ㅣ在朝堂에背闕而坐ᄒᆞ야言笑自若이어늘監察御史李勉이奏彈之ᄒᆞ야繫於有司ᄒᆞᆫ디上이特原之ᄒᆞ고歎曰吾ㅣ有李勉ᄒᆞ니

朝廷이始尊이다ᄒᆞ더라

時에塞上精兵은다選入ᄒᆞ야賊을討ᄒᆞ고오직老弱만餘ᄒᆞ야邊을守ᄒᆞ니文武官이三十人에滿치못ᄒᆞᆫ지라草萊를披ᄒᆞ고朝廷에立ᄒᆞ니制度가草創ᄒᆞ야武人이驕ᄒᆞ고慢ᄒᆞᆫ지라大將管崇嗣ㅣ朝堂에在ᄒᆞ야闕을背ᄒᆞ고坐하야言笑허가ᄅᆞᆯ自若히ᄒᆞ거ᄂᆞᆯ監察御史李勉이奏彈ᄒᆞ야有司에繫ᄒᆞᆫ듸上이特히原허고歎하야曰吾ㅣ李勉이有하니朝廷이비로소尊ᄒᆞ겟다ᄒᆞ더라

初에京兆李泌이幼以才敏으로著聞이라玄宗이使與太子로爲布衣交ᄒᆞ니太子ㅣ常謂之先生이러니後에隱居潁陽이러라上이自馬嵬로北行ᄒᆞᆫ서遣使召之ᄒᆞ니謁見於靈武어ᄂᆞᆯ上이大喜ᄒᆞ야出則聯轡ᄒᆞ고寢則對榻ᄒᆞ야如爲太子時ᄒᆞ고事無大小히皆咨之ᄒᆞ야言無不從ᄒᆞ고至於進退將相ᄒᆞ야도亦與之議러라上이欲以泌로爲右相ᄒᆞᆫ듸泌固辭曰陛下ㅣ待以賓友則貴於宰相矣리니何必屈其志리잇고上이乃止ᄒᆞ다

初에京兆李泌이幼ᄒᆞ야才敏홈으로써著히聞ᄒᆞᆫ지라玄宗이ᄒᆞ야금太子로더부러
布衣의交를솜으니太子ㅣ항상先生이라謂ᄒᆞ더니後에潁陽에隱居ᄒᆞᆫ지라上이馬
嵬로부터北行ᄒᆞᆯᄉᆡ使를遣ᄒᆞ야召ᄒᆞ니靈武에謁見ᄒᆞ거늘上이크게喜ᄒᆞ야出ᄒᆞᆫ則
轡를聯ᄒᆞ고寢ᄒᆞᆫ則榻을對ᄒᆞ야太子되얏든時와如히ᄒᆞ고事에大小가업시모다咨
ᄒᆞ야言을從치아니미無ᄒᆞ고將相進退에至ᄒᆞ야도ᄯᅩᄒᆞᆫ與ᄒᆞ야議ᄒᆞ더라上이泌로
써右相을솜고ᄌᆞᄒᆞᆫᄃᆡ泌이固히辭ᄒᆞ야曰陛下ㅣ賓友로써待ᄒᆞᆫ則宰相보다貴ᄒᆞ리니
엇지반다시그志를屈ᄒᆞ리잇고上이이예止ᄒᆞ다

庚辰에上皇이至成都ᄒᆞ니從官及六軍至者ㅣ千三百人而已러따

庚辰에上皇이成都에至ᄒᆞ니從官과밋六軍의至ᄒᆞᄂᆞᆫ者ㅣ千三百人일ᄯᆞᄅᆞᆷ이러
라

令狐潮ㅣ圍張巡於雍丘ᄒᆞ야相守四十餘日에朝廷聲問이不
通이라潮ㅣ聞玄宗이已幸蜀ᄒᆞ고復以書로招ᄒᆞ되巡이有大將六人ᄒᆞ니
官皆開府特進이라白巡ᄒᆞ되以兵勢ㅣ不敵이요且上存亡을不可知

焉知天道目叛君附賊不識君臣之倫也

니不如降賊이라ᄒᆞ야늘巡이陽許諾ᄒᆞ고明日堂上에設天子畵像ᄒᆞ고帥
將士朝之ᄒᆞ니人人이皆泣이라巡이引六將於前ᄒᆞ야責以大義斬之
ᄒᆞ니士心이益勸이라城中이矢盡이어늘巡이縳藁爲人千餘ᄒᆞ야被以黑
衣ᄒᆞ고夜縋城下ᄒᆞ니潮兵이爭射之久에乃知其藁人이라得矢數十
萬ᄒᆞ고其後에復夜縋人ᄒᆞ니賊이笑不設備어늘乃以死士五百으로斫
潮營ᄒᆞ니潮軍이大亂ᄒᆞ야焚壘而遁이어늘追奔十餘里ᄒᆞ니潮ㅣ慚ᄒᆞ야益
兵圍之라巡이使郎將雷萬春으로於城上에與潮相問ᄒᆞᆯ서語未絕
에賊이弩射之ᄒᆞ니而中六矢而不動이라潮ㅣ疑其木人ᄒᆞ야使諜問
之ᄒᆞ고乃大驚ᄒᆞ야遙謂巡曰向見雷將軍ᄒᆞ니方知足下軍令矣로다
然이나其如天道에何오巡이謂之曰君이未識人倫ᄒᆞ니焉知天道
리오 釋義 焉 於虔反 未幾에出戰ᄒᆞ야擒將賊十四人ᄒᆞ고斬首百餘級ᄒᆞ니賊이乃夜
遁ᄒᆞ야收兵入陳留ᄒᆞ야不敢復出이러라

令狐潮ㅣ張巡을雍丘에圍ᄒᆞ야서로守헌지四十餘日에朝廷聲問이通치안는지라潮ㅣ玄宗이임의蜀에幸허믈聞허고다시書로써招ᄒᆞᆫᄃᆡ巡이大將六人이有ᄒᆞ니官이모다開府特進이라巡에게白호ᄃᆡ兵勢ㅣ敵지못허고또上의存亡을可히知치못ᄒᆞ니賊에게降ᄒᆞ니만如치못ᄒᆞ다ᄒᆞ야늘巡이陽히許諾허고明日에堂上에天子의畫像을設ᄒᆞ고將士를帥ᄒᆞ고朝ᄒᆞ니人々이모다泣ᄒᆞ는지라巡이六將을前에引ᄒᆞ야大義로써責허고斬ᄒᆞ니士의心이益히勸허는지라城中이矢가盡ᄒᆞ거늘巡이藁를縛ᄒᆞ야人千餘를하야黑衣로써被허고夜에城下를縋허니潮의兵이爭하야射ᄒᆞ다가久에이에그藁人인줄知헌지라矢數十萬을得ᄒᆞ고그後에다시夜에縋人ᄒᆞ니賊이備홈을設치못허믈笑ᄒᆞ거늘이예死士五百으로써潮의營을斫허니潮軍이크게亂하야壘를焚허고遯ᄒᆞ거늘追하야十餘里예奔ᄒᆞ니潮ㅣ慚ᄒᆞ야兵을益하야圍허는지라巡이郞將雷萬春으로ᄒᆞ야금城上에서潮로더부러서로問헐ᄉᆡ語ㅣ絕치못ᄒᆞ야賊이弩로射ᄒᆞ니面에六矢가中ᄒᆞᄃᆡ動치안는지라潮ㅣ그木人인가疑ᄒᆞ야하야금諜으로問ᄒᆞ고크게驚ᄒᆞ야遙이巡다려謂ᄒᆞ야日向에雷將軍을見허니바야로足下의軍令을知허리로다然허나그天道에엇지헐고巡이謂ᄒᆞ야曰君이人倫을識지못허니엇지天道를知하리오未幾에出戰하야將十四人을擒허고首百餘級을斬ᄒᆞ니賊이이에夜에遯하야兵을收허고陳留에入하야敢히다시出치못허더라

郭子儀等이**將兵五萬**ᄒᆞ고 **自河北**으로**至靈武**ᄒᆞ니 **靈武軍威**ㅣ**始**

賀蘭複姓也第五亦複姓齊田氏之後漢初氏徙園陵者多故以次第爲氏焉

盛이라人이有興復之望矣러라

郭子儀等이兵五萬을將허고河北으로부터靈武에至ᄒᆞ니靈武의軍威가비로소盛ᄒᆞ지라人이興復의望이有허더라

北海太守賀蘭進明이遺錄事參軍第五琦ᄒᆞ야入蜀奏事ᄒᆞᆯ새琦ㅣ言於上皇ᄒᆞ야以爲ᄒᆞ되方今用兵에財賦ㅣ爲急이라財賦所產은江淮ㅣ居多ᄒᆞ니乞假臣一職ᄒᆞ시면可使軍으로無乏之用이리다上皇이悅ᄒᆞ야即以琦로爲監察御史江淮租庸使ᄒᆞ다

北海太守賀蘭進明이錄事參軍第五琦를보니여蜀에入하야事를奏ᄒᆞᆯ식琦ㅣ上皇께言ᄒᆞ야써허되바야로今에兵을用ᄒᆞᆷ에財賦가急ᄒᆞᆫ지라財賦ㅣ產허는바는江淮에居多ᄒᆞ니빌건딕臣에게一職을假ᄒᆞ시면可히軍으로하야곰用ᄒᆞᆷ에乏이無케ᄒᆞ리이다上皇이悅ᄒᆞ야곳琦로써監察御史江淮租庸使를숨다

靈武使者ㅣ至蜀ᄒᆞ니上皇이喜曰吾兒ㅣ應天順人ᄒᆞ니吾復何憂ㅣ리오乃制ᄒᆞ되自今으로改制敕爲誥ᄒᆞ고表疏에稱太上皇ᄒᆞ고四海軍國重事를皆先取皇帝進止ᄒᆞ고仍奏朕知ᄒᆞ라俟克復上京ᄒᆞ야는朕이

註 山車 車上施棚閣加綵繒爲山林之狀也 陸船 縛竹木爲船形飾以綵繒列人於中舁之以竹 舞馬百匹 目帝以馬百匹盛飾

不復與事ᄒᆞ라ᄒᆞ고 仍命韋見素房琯崔渙ᄒᆞ야 奉傳國寶玉册ᄒᆞ야 詣靈武傳位ᄒᆞ다

靈武使者ㅣ蜀에至ᄒᆞ니上皇이喜ᄒᆞ야曰吾兒ㅣ天을應ᄒᆞ고人을順ᄒᆞ니吾ㅣ다시何를憂ᄒᆞ리오이에制ᄒᆞ되今으로부터制勅을改ᄒᆞ야誥라爲ᄒᆞ고表疏에太上皇이라稱ᄒᆞ고四海軍國重事를모다먼져皇帝에게進止홈을取ᄒᆞ고仍ᄒᆞ야朕에게奏ᄒᆞ야知케ᄒᆞ라克復上京홈을俟ᄒᆞ야는朕이다시事에與치안는다ᄒᆞ고仍하야韋見素와房琯과崔渙을命ᄒᆞ야傳國寶玉册을奉ᄒᆞ야靈武에詣ᄒᆞ야位를傳ᄒᆞ다

初에上皇이每酺宴에先設太常雅樂坐部立部ᄒᆞ고 釋義明皇分樂爲二部堂下立奏之謂立部伎堂上坐奏謂之坐部伎 繼以鼓吹 釋義吹去聲北狄馬上之聲自漢以後以爲鼓吹亦軍中樂馬上奏之故唐以隷鼓吹部 胡樂教坊府縣散樂雜戲ᄒᆞ고 釋義散上聲明皇爲平王有散樂一部定韋后之難頗有預謀者及即位命寧王主蕃邸樂以充太常分兩朋以角優劣置內敎坊於蓬萊宮側居新聲散樂倡優之伎 又以車陸船으로載樂器往來ᄒᆞ고 又出宮人ᄒᆞ야 舞霓裳羽衣ᄒᆞ고 釋義明皇河西節使楊欽忠獻霓裳羽衣曲十二遍凡曲終必遽唯此曲將畢引聲益緩 又教舞馬百匹ᄒᆞ야 啣盃上壽ᄒᆞ고 又引犀象入場ᄒᆞ야 或拜或舞ᄒᆞ니 安祿山이 見而悅之러니 既克長安에 命搜捕樂工ᄒᆞ고 運載樂器舞衣ᄒᆞ고 驅舞馬犀象ᄒᆞ야 詣洛陽ᄒᆞ다

分左右施三重榻舞傾盃數十曲壯士氣榻馬不動
爲麗 麗音离愼厭麗之麗又本音戾也
承平 作升民有三年之儲曰承平
凝碧池 在洛陽禁苑
欷歔 泣餘聲

初에上皇이미양酺宴홀저먼저太常雅樂坐部立部를設ᄒᆞ고鼓吹胡樂敎坊府縣散樂雜戲로써繼ᄒᆞ고ᄯᅩ山車와陸船으로써樂器를載ᄒᆞ야往來ᄒᆞ고ᄯᅩ宮人을出ᄒᆞ야霓裳羽衣로舞ᄒᆞ고ᄯᅩ舞馬百匹을敎ᄒᆞ야盃을啣ᄒᆞ고壽를上케ᄒᆞ고ᄯᅩ犀象을引ᄒᆞ야場에入ᄒᆞ야或拜ᄒᆞ고或舞케ᄒᆞ니安祿山이보고悅ᄒᆞ더니임의長安을克ᄒᆞ미命ᄒᆞ야樂工을搜捕ᄒᆞ고樂器와舞衣를運載ᄒᆞ고舞馬와犀象을驅ᄒᆞ야洛陽에詣ᄒᆞ다

(溫公)曰聖人以道德爲麗仁義爲樂 釋義樂力洛反娛也 故雖茅茨土階 釋義茨疾玆反茅茨以草覆屋也茅茨不剪土階三尺謂堯舜也 惡衣菲食 釋義菲撫尾反薄也惡衣服菲飮食謂禹也 不恥其陋唯恐奉養之過以勞民費財明皇恃其承平不思後患殫耳目之玩 釋義殫多寒反極也 窮聲技之巧自謂帝王富貴皆不我如欲使前莫能及後無以踰非徒娛已亦以誇人豈知大盜在旁已有窺窬之心 釋義窬容朱反私覦也 卒使鑾輿播越生民塗炭乃知人君崇華靡以示人適足爲大盜之招也

祿山이宴其羣臣於凝碧池홀서 盛奏衆樂ᄒᆞ니 梨園子弟ㅣ往往欷歔泣下라賊이皆露刃睨之러니 睨吾計反 樂工雷海淸이不勝悲憤ᄒᆞ야擲樂器於地ᄒᆞ고西向慟哭ᄒᆞ니祿山이怒ᄒᆞ야縛於試馬殿前ᄒᆞ고支解之ᄒᆞ다

鄜坊 二州名 鄜音俘 西門 長安城

祿山이그群臣으로凝碧池에서宴홀식盛이衆樂을奏ᄒᆞ니梨園子弟ㅣ往々이欷歔ᄒᆞ야泣을下ᄒᆞ는지라賊이모다刃을露ᄒᆞ고睨ᄒᆞ더니樂工雷海淸이悲憤홈을勝치못ᄒᆞ야樂器를地에擲ᄒᆞ고西으로向ᄒᆞ야慟哭ᄒᆞ니祿山이怒ᄒᆞ야試馬前殿에縛ᄒᆞ고支를解ᄒᆞ다

祿山이聞嚮日에百姓이乘亂ᄒᆞ야多盜庫物ᄒᆞ고旣得長安에命大索三日ᄒᆞ고幷其私財ᄒᆞ야盡掠之ᄒᆞ고又令府縣으로推按銖兩之物ᄒᆞ야無不窮治ᄒᆞ야連引搜捕ᄒᆞ니枝蔓無窮이라民間이騷然ᄒᆞ야益思唐室이러라自上이離馬嵬北行으로民間相傳호되太子ㅣ北收兵ᄒᆞ야來取長安이라ᄒᆞ니長安民이日夜望之ᄒᆞ야或時相驚曰太子大軍이至矣라ᄒᆞ야則皆走ᄒᆞ니市里爲空이라賊이望見北方塵起ᄒᆞ고輒驚欲走ᄒᆞ여京畿豪傑이往往殺賊官吏ᄒᆞ야遙應官軍ᄒᆞ야誅而復起ᄒᆞ야相繼不絶ᄒᆞ니賊不能制라其始에自京畿鄜坊으로(鄜芳無反)至于岐隴히皆附之러니至是에西門之外ㅣ率爲敵壘오賊兵力所及者는南不出武

西門
上津路
上津漢中
長利縣地

關ᄒᆞ고 **北不過雲陽**ᄒᆞ고 **西不過武功**이라 **江淮**ㅣ **奏請貢獻**ᄒᆞ야 **之蜀之靈武者**ㅣ **皆自襄陽**으로 **取上津路**ᄒᆞ야 **抵扶風**히 **道路無壅**은 **皆薛景仙之功也**러라

釋義 時景仙爲陳倉令殺賊守將克扶風而守之

祿山이 嚮日에 百姓이 亂을 乘ᄒᆞ야 마니 庫物을 盜ᄒᆞᆷ을 聞ᄒᆞ고 임의 長安을 得ᄒᆞ미 命ᄒᆞ야 크게 三日을 索ᄒᆞ고 그 私財를 幷ᄒᆞ야 다 掠ᄒᆞ고 ᄯᅩ 府縣으로ᄒᆞ야 금 銖兩의 物을 推按ᄒᆞ야 窮治치 안임이 업고 連引ᄒᆞ야 搜捕ᄒᆞ니 枝蔓ᄒᆞ기를 無窮ᄒᆞᆫ지라 民間이 騷然ᄒᆞ야 더욱 唐室을 思ᄒᆞ더라 上이 馬嵬를 離ᄒᆞ야 北行ᄒᆞᆷ으로부터 民間이 서로 傳ᄒᆞ되 太子ㅣ 北으로 兵을 収ᄒᆞ야 來ᄒᆞ야 長安을 取ᄒᆞ다ᄒᆞ니 長安의 民이 日夜로 望ᄒᆞ고 或時로 서로 驚ᄒᆞ야 曰 太子의 大軍이 至ᄒᆞᆫ다ᄒᆞ고 곳 모다 走ᄒᆞ니 市와 里가 空ᄒᆞᆫ지라 賊이 北方에 塵이 起ᄒᆞᆷ을 望見ᄒᆞ고 믄득 驚ᄒᆞ야 走코ᄌᆞᄒᆞ거ᄂᆞᆯ 京畿에 豪傑이 往々이 賊의 官吏를 殺ᄒᆞ고 遙히 官軍을 應ᄒᆞ야 誅ᄒᆞ고 다시 起ᄒᆞ야 서로 繼ᄒᆞ야 絶치 아니ᄒᆞ니 賊이 能히 制치 못ᄒᆞᄂᆞᆫ지라 그 始에 京畿 鄜坊으로부터 岐隴에 至ᄒᆞ기 다 附ᄒᆞ더니 이에 일으러 西門外ㅣ 率히 敵壘가 되고 賊의 兵力이 及ᄒᆞᆫ 바 者ᄂᆞᆫ 南으로 武關에 出치 못ᄒᆞ고 北으로 雲陽에 過치 못ᄒᆞ고 西으로 武功에 過치 못ᄒᆞ더라 江淮ㅣ 貢獻ᄒᆞᆷ을 奏請ᄒᆞ야 蜀에 之ᄒᆞ고 靈武에 之ᄒᆞᄂᆞᆫ 者ㅣ 다 襄陽으로부터 上津路를 取ᄒᆞ야 扶風ᄭᅡ지 抵ᄒᆞ기 道路에 壅ᄒᆞᆷ이 無ᄒᆞᆷ은 다 薛景仙에 功일너라

廣平王註 是爲代宗

黃衣聖人 目聖人謂上也唐之臣子率稱君父謂聖人也

名稱 註稱去聲

長史 創侍謀之官以處泌

九月에 以廣平王俶으로 爲天下兵馬元帥하니 諸將이 皆以屬焉하다

九月에廣平王俶으로써天下兵馬元帥를삼으니諸將이써다屬하다

上이 與李泌로 出行軍할새 軍士ㅣ 指之竊言曰衣黃者는 聖人也요 釋義衣去聲著也下同 衣白者는 山人也라한디 上이 聞之하고 以告泌曰艱難之際에는 不敢相屈以官이나 且衣紫袍하야 以絶群疑하라 泌이 不得已受之하야 服之入謝여늘 上이 笑曰旣服此하니 豈可無名稱이리요 出懷中敕하야 以泌로 爲侍謀軍國元帥府行軍長史호디 泌이 固辭여늘 上이 曰朕이 非敢相臣하야 以濟艱難耳이니 俟賊平하야 任行高志니라 泌이 乃受之하다

上이李泌로더부러나가軍을行할새軍士ㅣ指하고극히言하야曰黃을衣한者는聖人이오白을衣한者는山人이라한디上이聞하고써李泌에게告하야曰艱難할際에는敢히官으로써屈치못하나또紫袍를衣하야써羣疑를絶하라泌이不得已하야受하야服하고드러가謝하거늘上이笑하야曰임의此를服하얏스니웃지可히名을稱

홈이無ᄒᆞ리오懷中에셔敕을出ᄒᆞ야泌로써侍謀軍國元師府行軍長史를삼은ᄃᆡ泌이固히辭ᄒᆞ거ᄂᆞᆯ上이曰朕이敢이臣을相ᄒᆞ야써艱難을濟홈이아니니賊을平홈을俟ᄒᆞ야高志를任行ᄒᆞᆯ지니라泌이이에受ᄒᆞ다

上이素聞房琯名이라虛心待之ᄒᆞ니琯이見上言時事에辭情이慷慨라(釋義慷慨竭誠也)上이爲之改容ᄒᆞ고由是로軍國事를多謀於琯ᄒᆞ고琯이亦以天下로爲己任ᄒᆞ야知無不爲ᄒᆞ야專決於胸臆ᄒᆞ니諸將이拱手避之러라

上이번ᄃᆡ房琯의名을聞ᄒᆞᆫ지라心을虛히ᄒᆞ야待ᄒᆞ니琯이上을보고時事를言ᄒᆞ미辭情이慷慨ᄒᆞᆫ지라上이爲ᄒᆞ야容을改ᄒᆞ고일노말미암마軍國事를만니琯에게謀ᄒᆞ고琯이ᄯᅩᄒᆞᆫ天下로써己任을삼어ᄒᆞ지아니미無ᄒᆞᆯ줄知ᄒᆞ야올오지胸臆에決ᄒᆞᄃᆡ諸將이手를拱ᄒᆞ고避ᄒᆞ드라

十月에上이至彭原ᄒᆞ니第五琦ㅣ見上ᄒᆞ고請作榷壚法ᄒᆞ야用以饒ᄒᆞ다(榷訖岳反)

十月에上이彭原에至ᄒᆞ니第五琦ㅣ上을見ᄒᆞ고榷壚法을作ᄒᆞ야用을써饒케ᄒᆞ믈請ᄒᆞ다

陳濤斜目陳濤澤在咸陽縣東其路斜出故曰陳濤斜

房琯이喜賓客好談論ᄒᆞ야多引拔知名之士而輕鄙庸俗ᄒᆞ니人多怨之어ᄂᆞᆯ北海太守賀蘭進明이詣行在ᄒᆞ야言於上曰晉이用王衍爲三公ᄒᆞ야祖尙浮虛ᄒᆞ야致中原板蕩ᄒᆞ니(釋義中原板蕩謂中華喪亂也板蕩並詩篇名)今房琯이專爲迂闊大言ᄒᆞ야以立虛名ᄒᆞ고所引用이皆浮華之黨이니眞王衍之比也ㅣ니다上이由是踈之ᄒᆞ더라

房琯이賓客을喜ᄒᆞ고談論을好ᄒᆞ야만이知名ᄒᆞᆫ士를引拔ᄒᆞ고庸俗을輕鄙ᄒᆞ니人이만니怨ᄒᆞ거ᄂᆞᆯ北海太守賀蘭進明이行在에詣ᄒᆞ야上게言ᄒᆞ야曰晉이王衍을用ᄒᆞ야三公을삼어浮虛를尙ᄒᆞ야中原板蕩을致ᄒᆞ얏ᄉᆞ니今에房琯이專히迂闊ᄒᆞᆫ大言을ᄒᆞ야써虛名을立ᄒᆞ고引用ᄒᆞᆫ바가모다浮華의黨이니眞히王衍의比니이다上이일노말미암마踈ᄒᆞ더라

琯이上疏ᄒᆞ야請自將兵ᄒᆞ야復兩京이어ᄂᆞᆯ上이許之ᄒᆞ다琯이悉以戎務로委李揖劉秩ᄒᆞ니二人이皆書生이라不閑軍旅러라琯이謂人曰賊曳落河ㅣ雖多ㄴ(釋義初安祿山養同羅奚契丹降者八千餘人號曰曳落河胡語曳落河華言壯士也曳羊列反)安能敵我劉秩이리오ᄒᆞ더니琯軍이遇賊將安守忠於咸陽之陳濤斜ᄒᆞ야(釋義陳濤斜咸陽地名)琯이效古

祿山欲以嬖妾子爲嗣故慶緒弑之也

法用車戰ᄒᆞᆯᄉᆡ以牛車二千乘으로馬步夾之러니賊이順風鼓譟ᄒᆞ니牛皆震駭라賊이縱火焚之ᄒᆞ니人畜이大亂ᄒᆞ야官軍死者ㅣ四萬餘人이오存者數千而已러라

琯이疏를上ᄒᆞ야스ᄉᆞ로兵을將ᄒᆞ야兩京을復ᄒᆞ겟다請ᄒᆞ거ᄂᆞᆯ上이許ᄒᆞ다琯이다戎務로써李揖과劉秩에게委ᄒᆞ니二人이다書生이라軍旅에閑치못ᄒᆞ더라琯이人더라謂ᄒᆞ되曰賊曳落河ㅣ비록多ᄒᆞ나엇지能히我의劉秩을敵ᄒᆞ리오ᄒᆞ더니琯軍이賊將安守忠을咸陽陳濤斜에셔遇ᄒᆞ야琯이古法을效ᄒᆞ야車戰을用ᄒᆞᆯᄉᆡ牛車二千乘으로써馬步를夾ᄒᆞ엿더니賊이風을順ᄒᆞ야鼓譟ᄒᆞ니牛가모다震駭ᄒᆞᄂᆞᆫ지라賊이火를縱ᄒᆞ야焚ᄒᆞ니人과畜이크게亂ᄒᆞ야官軍死ᄒᆞᆫ者ㅣ四萬餘人이오存ᄒᆞᆫ者ㅣ數千人ᄯᆞ름이러라

(丁酉)至德二載라正月에安祿山이自起兵以來로目漸昏이러니至是에不復睹物ᄒᆞ야性益躁暴ᄒᆞ여ᄂᆞᆯ嚴莊이與安慶緒로謀ᄒᆞ야夜遣閹豎李猪兒ᄒᆞ야執刀直入帳中ᄒᆞ야斫祿山腹腸ᄒᆞ니流血數斗ᄒᆞ고遂死라慶緒ㅣ尋即帝位ᄒᆞ다

至德二載라正月에安祿山이兵을起ᄒᆞ야써來홈으로부터目이漸昏ᄒᆞ더니이에至ᄒᆞ야다시物을睹치못ᄒᆞ야性이더욱躁暴ᄒᆞ거ᄂᆞᆯ嚴莊이安慶緒로더부러謀ᄒᆞ야夜에閹竪李猪兒를遣ᄒᆞ야刀을執ᄒᆞ고곳帳中에入ᄒᆞ야祿山의腹腸을斫ᄒᆞ니血數斗를流ᄒᆞ고드듸여死ᄒᆞᄂᆞᆫ지라慶緒ㅣ곳帝位에即ᄒᆞ다

上이謂李泌曰今郭子儀李光弼이已爲宰相ᄒᆞ니若克兩京平海內則無官以賞之니奈何오 對曰古者에官以任能ᄒᆞ고爵以酬功이라漢魏以來로雖以郡縣으로治民이나然이나有功則錫以茅土ᄒᆞ야（釋義王者封五色土爲社建諸侯則各割其方土與之使立社燾以黃土苴以白茅々取其潔所以供祭祀縮酒之用黃取王者覆燾四方之義）傳之子孫ᄒᆞ고至于周隋ᄒᆞ야皆然이러니 唐은初未得關東故로封爵에皆設虛名ᄒᆞ고其食實封者ᄂᆞᆫ給繒布而已라（給繒布 唐制食實封者凡一月則以一丁之調歲給之也）貞觀中에太宗이欲復古制나大臣議論이不同而止ᄒᆞ니由是로賞功者ㅣ多以官이니 夫以官賞功이有二害ᄒᆞ니非才則廢事오權重則難制라 曏使祿山으로有百里之國則亦惜之ᄒᆞ야以傳子孫ᄒᆞ야不反矣라 爲今之計컨ᄃᆡ俟天下既

平ᄒᆞ야莫若疏爵土ᄒᆞ야(釋義疏分也) 以賞功臣則雖大國이라도不過二三百里라可比今之小郡이니豈難制哉잇가上曰善다

上이李泌더러謂ᄒᆞ야曰今에郭子儀와李光弼이임의宰相의되얏스니만약兩京을克ᄒᆞ야海內를平ᄒᆞᆫ則官으로써賞ᄒᆞᆯ것이업스니엇지ᄒᆞᆯ고對ᄒᆞ야曰古者에ᄂᆞᆫ官은써能ᄒᆞᆫᄃᆡ任ᄒᆞ고爵은써功잇ᄂᆞᆫᄃᆡ酬ᄒᆞᆫ지라漢魏ㅣ써來ᄒᆞᆷ으로비록郡縣으로써民을治ᄒᆞ나그러나功이有ᄒᆞᆫ則茅土를錫ᄒᆞ야子孫에게傳ᄒᆞ고周와隋에至ᄒᆞ야도다然ᄒᆞ더니唐은初에關東을得지못ᄒᆞᆫ故로爵을封ᄒᆞ미모다虛名을設ᄒᆞ고그實封을食ᄒᆞᄂᆞᆫ者ᄂᆞᆫ繒布를給ᄒᆞᆯᄯᆞ름이라貞觀中에太宗이古制를復ᄒᆞ고ᄌᆞᄒᆞ얏스나大臣의議論이同치못ᄒᆞ야止ᄒᆞ니是로말미암아功을賞ᄒᆞᆫ者ㅣ多히官으로써ᄒᆞ니이다무릇官으로써功을賞ᄒᆞᆷ이二害가잇스니非才ᄒᆞᆫ則事를廢ᄒᆞ고權이重ᄒᆞᆫ則制ᄒᆞ기難ᄒᆞᆫ지라嚮에祿山으로ᄒᆞ야금百里의國을有ᄒᆞ얏든들ᄯᅩᄒᆞᆫ惜ᄒᆞ야써子孫의게傳ᄒᆞ야反치아니ᄒᆞ얏슬지라今을爲ᄒᆞ야計컨ᄃᆡ天下ㅣ임의平ᄒᆞ믈俟ᄒᆞ야爵土를疏ᄒᆞᄂᆞᆫ이만갓지못ᄒᆞ야써功臣을賞ᄒᆞᆫ즉비록大國이라도二三百里에過치아늘지라可히今의小郡에比ᄒᆞᆯ지니엇지制키難ᄒᆞ리잇가上이曰善다

安慶緖ㅣ以史思明으로爲范陽節度使ᄒᆞ다 先是에安祿山이得兩

遣中使 唐以宦官爲中使

京珍貨ᄒᆞ야悉輸范陽이러니 思明이擁强兵ᄒᆞ야據富資益驕橫ᄒᆞ야 釋義橫戶孟反驕縱而暴橫也 寖不用慶緒之命ᄒᆞ니慶緒ㅣ不能制러라

安慶緒ㅣ史思明으로써范陽節度使를삼다先是에安祿山이兩京에珍貨를得ᄒᆞ야다范陽으로輸ᄒᆞ더니思明이强兵을擁ᄒᆞ야富資에據ᄒᆞ야더욱驕橫ᄒᆞ야寖히慶緒의命을用치아니ᄒᆞ니慶緒ㅣ能히制치못ᄒᆞ더라

上皇이思張九齡先見ᄒᆞ야 釋義開元中祿山討奚契丹敗績九齡曰祿山狼子野心且有逆相宜即軍誅之玄宗不聽 爲之流涕ᄒᆞ고遣中使ᄒᆞ야至曲江祭之ᄒᆞ고 釋義九齡家在曲江故於曲江致祭焉曲江縣隷廣東始興郡今韶州是 厚恤其家ᄒᆞ다

上皇이張九齡의先見홈을思ᄒᆞ야爲ᄒᆞ야涕를流ᄒᆞ고中使를遣ᄒᆞ야曲江에至ᄒᆞ야祭ᄒᆞ고그家를厚恤ᄒᆞ다

以郭子儀로爲天下兵馬副元帥ᄒᆞ다

郭子儀로써天下兵馬副元帥를삼다

是時에府庫에無蓄積ᄒᆞ야朝廷이專以官爵으로賞功이라諸將이出征에皆給空名告身ᄒᆞᆫ 釋義空苦貢反唐選擧志親品及流外則判補皆給以符謂之告身其中有褒貶訓戒之辭空者不塡寫名姓從其臨事自注授也 自開府

信牒 未有告身先給牒以爲信 清渠之敗 是年四月郭子儀敗續 一通 書首尾曰一通

特進과列卿大將軍으로下至中郎郎將히聽臨事注名ᄒᆞ고其後에又聽以信牒으로授人官爵ᄒᆞ니有至異姓王者라諸軍을但以職任으로相統攝ᄒᆞ야不復計官爵高下러니及清渠之敗ᄒᆞ야復以官爵으로收散卒ᄒᆞ니由是로官爵이輕而貨ㅣ重이라大將軍告身一通에纔易一醉ᄒᆞ니凡應募入軍者ㅣ一切衣金紫ᄒᆞ고至於朝士僮僕ᄒᆞ야는衣金紫稱大官而執賤役者ᄒᆞ니名器之濫이至是而極焉이러라

是時에府庫에蓄積이無ᄒᆞ야朝廷이오로지官爵으로ᄡᅥ功을賞ᄒᆞᄂᆞᆫ지라諸將이出征ᄒᆞ미다空名告身을給할ᄉᆡ開府特進과列卿大將軍으로부터下로中郎과郎將에至ᄒᆞ기臨事를聽ᄒᆞ야名을注ᄒᆞ고그後에또信牒으로ᄡᅥ人에官爵을授ᄒᆞᆷ을聽ᄒᆞ니異姓王에至ᄒᆞᆫ者ㅣ有ᄒᆞ더라諸軍을다만職任으로ᄡᅥ서로統攝ᄒᆞ야다시官爵高下를計치안터니清渠의敗ᄒᆞᆷ에至ᄒᆞ야다시官爵으로ᄡᅥ散卒을收ᄒᆞ니是로말미암마官爵이輕ᄒᆞ고貨가重ᄒᆞᆫ지라大將軍告身一通에纔히一醉에易ᄒᆞ니무릇募에應ᄒᆞ야軍에入ᄒᆞᆫ者ㅣ一切로金紫를衣ᄒᆞ고朝士僮僕에至ᄒᆞ야는金紫를衣ᄒᆞ고大官을稱ᄒᆞ되役을執ᄒᆞᆫ者잇스니名器의濫이是에至ᄒᆞ야極ᄒᆞ더라

尹子奇ㅣ益兵圍睢陽益急이어늘張巡이於城中에夜鳴鼓嚴隊ᄒᆞ야若將出擊者ᄒᆞ니賊이聞之ᄒᆞ고達旦儆備어늘(釋義儆戒也)旣明에巡이乃寢兵絶鼓ᄒᆞ니賊이以飛樓로瞰城中호ᄃᆡ(釋義瞰古監反視也)無所見이라遂解甲休息이러니巡이與將軍南霽雲과郞將雷萬春等十餘將으로各將五十騎ᄒᆞ고開門突出ᄒᆞ야直衝賊營ᄒᆞ야至子奇麾下ᄒᆞ니營中이大亂이라斬賊將五十餘人ᄒᆞ고殺士卒五千餘人ᄒᆞ다巡이欲射子奇而不識ᄒᆞ야乃剡蒿爲矢ᄒᆞ니中者ㅣ喜ᄒᆞ야(釋義剡以冉反銳利之也蒿呼高反中去聲易係云剡木爲矢)謂巡이矢盡이라ᄒᆞ고走白子奇어늘乃得其狀ᄒᆞ고使霽雲으로射之ᄒᆞ야喪其左目ᄒᆞ야幾獲之러니子奇ㅣ乃收軍退還ᄒᆞ다

尹子奇ㅣ兵을益ᄒᆞ야睢陽을圍ᄒᆞ기를더옥急히ᄒᆞ거늘張巡이城中에셔夜에鼓를鳴ᄒᆞ고隊를嚴ᄒᆞ야쟝ᄎᆞ出擊ᄒᆞᄂᆞᆫ者갓치ᄒᆞ니賊이聞ᄒᆞ고達旦토록儆備ᄒᆞ거늘旣明에巡이이에兵을寢ᄒᆞ고鼓를絶ᄒᆞ니賊이飛樓로써城中을瞰호ᄃᆡ見ᄒᆞᄂᆞᆫ바無ᄒᆞᆫ지라드듸여甲을解ᄒᆞ고休息ᄒᆞ더니巡이將軍南霽雲과郞將雷萬春等十餘將으로더부러各기五十騎를將ᄒᆞ고門을開ᄒᆞ고突出ᄒᆞ야곳賊營을衝ᄒᆞ야子奇의麾下에

至ᄒᆞ니營中이크게亂ᄒᆞᄂᆞᆫ지라賊將五十餘人을斬ᄒᆞ고士卒五千餘人을殺ᄒᆞ다巡이子奇를射코ᄌᆞ호ᄃᆡ識치못ᄒᆞ야이에蒿를剡ᄒᆞ야矢를ᄒᆞ니中ᄒᆞᆫ者ㅣ喜ᄒᆞ야巡의矢가盡ᄒᆞ엿다謂ᄒᆞ고走ᄒᆞ야子奇에게白ᄒᆞᆫ거늘이에그狀을得ᄒᆞ고霽雲으로ᄒᆞ야금射ᄒᆞ야其左目을喪ᄒᆞ야거의獲ᄒᆞ겟더니子奇ㅣ이에軍을收ᄒᆞ야退還ᄒᆞ다

九月에元帥廣平王俶이(昌六反)將朔方等軍及回紇西域之衆(紇下沒反)與郭子儀等ᄒᆞ야克復西京ᄒᆞ다

九月에元帥廣平王俶이朔方等軍과밋回紇의西域衆과다못郭子儀等을將ᄒᆞ야西京을克復ᄒᆞ다

冬十月에尹子奇ㅣ久圍睢陽ᄒᆞ니城中이食盡이라議棄城東走리니張巡許遠이謀以爲睢陽은江淮之保障이니若棄之去면賊必乘勝長驅ᄒᆞ리니是ᄂᆞᆫ無江淮也라不如堅守以待之라ᄒᆞ고始與士卒로同食茶紙ᄒᆞ고既盡에遂食馬ᄒᆞ고馬盡에羅雀掘鼠ᄒᆞ고雀鼠既盡에巡이出愛妾ᄒᆞ야殺以食士ᄒᆞ고遠은亦殺其奴然後에括城中婦人ᄒᆞ야食之ᄒᆞ고既盡에繼以男子老弱ᄒᆞ니人知必死호ᄃᆡ莫有叛者오所

厲鬼 目無所歸者爲厲

本將 本部之將

餘ㅣ纔四百人이라癸丑에賊이登城ᄒᆞ니將士ㅣ病不能戰이어늘巡이西
向再拜曰臣이力竭矣라不能全城ᄒᆞ니生旣無以報陛下ᄒᆞ니死
當爲厲鬼ᄒᆞ야以殺賊호리다城이遂陷에巡遠이俱被執ᄒᆞ고幷南霽雲
雷萬春等三十六人은皆斬之ᄒᆞ고生致許遠於洛陽ᄒᆞ다巡이初
守睢陽時에卒이僅萬人이오城中居人이亦且數萬이로되巡이一見
問姓名이면其後에無不識者오前後大小戰이凡四百餘에殺賊
卒十二萬人이러라巡이行兵에不依故法ᄒᆞ고敎戰陳에令本將으로各
以其意로敎之어늘人이或問其故ᄒᆞ되巡이曰今與胡虜로戰에雲合
鳥散ᄒᆞ야變態ㅣ不常ᄒᆞ야數步之間에勢有同異ᄒᆞ고臨機應猝이在
於呼吸之間而動詢大將이면事不相及이니非知兵之變者也라
故로吾ㅣ使兵識將意ᄒᆞ고將識士情ᄒᆞ야投之而往에如手之使指
ᄒᆞ야兵將이相習ᄒᆞ야人自爲戰이不亦可乎아自興兵으로器機甲仗을

皆取之於敵ᄒᆞ고 未嘗自修러라 每戰에 將士ㅣ 或退散이면 巡이 立於戰所ᄒᆞ야 謂將士曰我不離此ᄒᆞ니 汝ᄂᆞᆫ 爲我還決之ᄒᆞ라 將士ㅣ 莫敢不還ᄒᆞ야 死戰卒破敵ᄒᆞ고 又推誠待人에 無所疑隱ᄒᆞ고 臨敵應變에 出奇無窮ᄒᆞ고 號令明ᄒᆞ고 賞罰信ᄒᆞ고 與衆으로 共甘苦寒暑故로 下ㅣ 爭致死力이러라

冬十月에尹子奇ㅣ久히睢陽을圍ᄒᆞ니城中에食이盡ᄒᆞᆫ지라城을棄ᄒᆞ고東으로走ᄒᆞ기를議ᄒᆞ거늘張巡과許遠이謀ᄒᆞ야써ᄒᆞ되睢陽은江淮의保障이니만약棄ᄒᆞ고去ᄒᆞ면賊이반다시勝을乘ᄒᆞ야長驅ᄒᆞ리니是ᄂᆞᆫ江淮가無ᄒᆞᆷ이라堅守ᄒᆞ야써待ᄒᆞ니만如치못ᄒᆞ다ᄒᆞ고비로소士卒로더부러茶紙를同食ᄒᆞ고임의盡ᄒᆞ미드듸여馬를食ᄒᆞ고馬ㅣ盡ᄒᆞᆷ에雀을羅ᄒᆞ며鼠을掘ᄒᆞ고雀과鼠ㅣ님의盡ᄒᆞ미巡은愛妾을出ᄒᆞ야殺ᄒᆞ야써士를食ᄒᆞ고遠은또ᄒᆞᆫ그奴를殺ᄒᆞᆫ然後에城中에婦人을括ᄒᆞ야食ᄒᆞ고임의盡ᄒᆞ미男子와老弱으로써繼ᄒᆞ니人이반다시死ᄒᆞᆯ줄知ᄒᆞ되叛ᄒᆞᄂᆞᆫ者ㅣ有치안코餘ᄒᆞᆫ비ㅣ겨우四百人이러라癸丑에賊이城에登ᄒᆞ니將士ㅣ病드러能히戰치못ᄒᆞ거늘巡이西으로向ᄒᆞ고再拜ᄒᆞ야曰臣이力이竭ᄒᆞᆫ지라能히城을全치못ᄒᆞ니生ᄒᆞ야서임의써陛下를報치못ᄒᆞ니死ᄒᆞ야맛당이厲鬼가되야써賊을殺ᄒᆞ리이

다城이드듸여陷ᄒᆞᆷ에巡과遠이ᄒᆞᆫ기지執을被ᄒᆞ고南霽雲과雷萬春等三十六人은다斬ᄒᆞ고許遠은洛陽으로生致ᄒᆞ다巡이初에睢陽을守ᄒᆞᆯ時에卒이겨우萬人이오城中에居ᄒᆞᆫ人이ᄯᅩᄒᆞᆫ數萬이로ᄃᆡ巡이一見코姓名을問ᄒᆞ면그後에識지못ᄒᆞᄂᆞᆫ者ㅣ無ᄒᆞ고前後에大小히戰ᄒᆞᆷ이凡四百餘에賊卒十二萬人을殺ᄒᆞ엿더라巡이兵을行ᄒᆞᆷ에古法을依치안코戰陳을敎ᄒᆞᆷ에本將으로ᄒᆞ야금各가그意로ᄡᅥ敎ᄒᆞ거ᄂᆞᆯ人이或그故를問ᄒᆞᆫᄃᆡ巡이曰今에胡虜로더부러戰ᄒᆞᆷ에雲처럼合ᄒᆞ고鳥처럼散ᄒᆞ야變態가常치못ᄒᆞ야數步ᄉᆡ이에勢가同異가有ᄒᆞ고機에臨ᄒᆞ고猝에應ᄒᆞᆷ이呼吸ᄉᆡ이에在ᄒᆞ거ᄂᆞᆯ大將에게動詢ᄒᆞ면事가相及지못ᄒᆞ리니兵의變을知ᄒᆞᄂᆞᆫ者ㅣ아니라故로吾ㅣ兵으로ᄒᆞ야금將意를識ᄒᆞ고將이士情을識ᄒᆞ야投ᄒᆞ야往ᄒᆞᆷ에手가指를使ᄒᆞᆷ과如ᄒᆞ야兵과將이서로習ᄒᆞ야人이스ᄉᆞ로戰ᄒᆞᆷ이ᄯᅩᄒᆞᆫ可치아니ᄒᆞ냐兵을興ᄒᆞᆷ으로부터器機와甲仗을다敵에게取ᄒᆞ고일쥭스ᄉᆞ로修치아니ᄒᆞ더라미양戰ᄒᆞᆯ적에將士ㅣ或ㅣ退ᄒᆞ고散ᄒᆞ면巡이戰所에立ᄒᆞ야將士다려謂ᄒᆞ야曰我ㅣ此를離치아니ᄒᆞ노니汝ᄂᆞᆫ我를爲ᄒᆞ야還ᄒᆞ야決ᄒᆞ라將士ㅣ敢히還치아니ᄒᆞ리업셔死키로戰ᄒᆞ야맛참敵을破ᄒᆞ고ᄯᅩ誠을推ᄒᆞ야人을待ᄒᆞᆷ에疑隱ᄒᆞᆫ비無ᄒᆞ고敵을臨ᄒᆞ야變을應ᄒᆞᆷ에奇ᄒᆞᆷ을出ᄒᆞᆷ을窮ᄒᆞᆷ이無ᄒᆞ고號令을明케ᄒᆞ고賞罰을信케ᄒᆞ고衆으로더부러甘苦와寒暑를共히ᄒᆞᄂᆞᆫ故로下가닷토와死力을致ᄒᆞ더라

河南節度使張鎬ㅣ聞睢陽이圍急ᄒᆞ고倍道亟進ᄒᆞ니比鎬至睢

陽ᄒᆞ야城이己陷三日이러라

河南節度使張鎬ㅣ睢陽이圍急ᄒᆞ믈듯고道를倍ᄒᆞ야亟進ᄒᆞ니鎬ㅣ睢陽에일으기比ᄒᆞ야城이임의陷ᄒᆞᆫ지三日일너라

十月이廣平王俶이與回紇葉護와(葉音攝釋義回紇君王號)郭子儀等으로克復東京ᄒᆞ니安慶緖ㅣ奔河北이라丁卯에上이入西京ᄒᆞ다

十月에廣平王俶이回紇葉護와郭子儀等으로더부러東京을克復ᄒᆞ니安慶緖ㅣ河北으로奔ᄒᆞ는지라丁卯에上이西京으로入ᄒᆞ다

十一月에廣平王俶과郭子儀ㅣ來自東京ᄒᆞ니上이勞之曰吾之家國은由卿再造로다

十一月에廣平王俶과郭子儀ㅣ오기를東京으로自ᄒᆞ니上이勞ᄒᆞ야曰吾의家國은卿으로말미암마再造ᄒᆞ얏도다

十二月에上皇이至咸陽에上이備法駕ᄒᆞ야迎於望賢宮ᄒᆞ니上皇이即日에幸興慶宮ᄒᆞ야遂居之ᄒᆞ어늘上이表ᄒᆞ야累請避位還東宮ᄒᆞ되上皇이不許ᄒᆞ다

相州未下謂慶緒據鄴故也

十二月에上皇이咸陽에至홈에上이法駕를備ᄒᆞ야望賢宮으로迎ᄒᆞ니上皇이即日에興慶宮으로幸ᄒᆞ야드듸여居ᄒᆞ거ᄂᆞᆯ上이表ᄒᆞ야位를避ᄒᆞ고東宮으로還홈을累請ᄒᆞ되上皇이許치안타

安慶緒ㅣ忌史思明之强ᄒᆞ야欲圖之어ᄂᆞᆯ思明이遂以所部十三州로來降ᄒᆞ다滄瀛安深德棣等州ㅣ皆降ᄒᆞ고雖相州ㅣ未下나河北이率爲唐有矣러라

安慶緒ㅣ史思明의强ᄒᆞᆷ을忌ᄒᆞ야圖코져ᄒᆞ거ᄂᆞᆯ思明이드듸여部ᄒᆞᆫ바十三州로써來降ᄒᆞ다滄瀛安深德棣等州ㅣ皆降ᄒᆞ고비록相州ㅣ下치안으나河北이率히唐의有ㅣ되엿더라

(戊戌)乾元元年이라春二月에復以載로爲年ᄒᆞ다

乾元元年이라春二月에다시載로써年을ᄒᆞ다

夏五月에張鎬ㅣ上言호되思明 凶險ᄒᆞ야因亂竊位ᄒᆞ니力彊則衆附ᄒᆞ고勢奪則人離라彼雖人面이나心如野獸ᄒᆞ야難以德懷니願勿假以威權ᄒᆞ소서

魯炅 註炅音潁

夏五月에張鎬ㅣ言을上호ᄃᆡ思明이凶險ᄒᆞ야亂을因ᄒᆞ야位를竊ᄒᆞ니力이强ᄒᆞᆫ則衆이附ᄒᆞ고勢가奪ᄒᆞᆫ則人이離ᄒᆞᄂᆞᆫ지라彼가비록人面이나心은野獸와如ᄒᆞ야德으로써懷키難ᄒᆞ니願컨ᄃᆡ威權으로써假치말으소서

李光弼이以思明이終當敗亂ᄒᆞ라ᄒᆞ야陰使圖之ᄒᆞ니思明이復叛ᄒᆞ다

李光弼이思明으로써終當에亂ᄒᆞ리라ᄒᆞ야가마니ᄒᆞ야금圖ᄒᆞ려ᄒᆞ니思明이다시叛ᄒᆞ다

八月에命朔方節度郭子儀淮西魯炅等七節度使ᄒᆞ야將步騎二十萬ᄒᆞ야討安慶緒ᄒᆞ고又命河東李光弼澤潞王思禮二節度ᄒᆞ야將所部兵ᄒᆞ야助之ᄒᆞ다

八月에朔方節度郭子儀와淮西魯炅等七節度使를命ᄒᆞ야步騎二十萬을將ᄒᆞ야安慶緒를討ᄒᆞ고또河東李光弼과澤潞王思禮二節度를命ᄒᆞ야所部兵을將ᄒᆞ야助케ᄒᆞ다

上이以子儀光弼이皆元勳으로難相統屬이라ᄒᆞ야故不置元帥ᄒᆞ고但以宦官開府儀同三司魚朝恩으로爲觀軍容宣慰處置使ᄒᆞ니觀軍容之名이自此始러라

洛陽縣名
滏音父

上이子儀와光弼이다元勳으로써서로統屬키難타ᄒᆞ야진짓元帥를置치아니ᄒᆞ고다만宦官과開府儀同三司魚朝恩으로觀軍容宣慰處置使를合으니觀軍容의名이此로부터始ᄒᆞ더라

冬十月에 子儀等이 大破安慶緖於衛州ᄒᆞ고 追至鄴圍之ᄒᆞ니 慶緖ㅣ窘急ᄒᆞ야 求救於史思明ᄒᆞ고 且請以位로 讓之ᄒᆞ어 思明이 發范陽兵十三萬ᄒᆞ야 欲救鄴ᄒᆞᆯ서 觀望未敢進ᄒᆞ고 軍于滏陽ᄒᆞ야 遙 慶緖聲勢러라

冬十月에子儀等이크게安慶緖를衛州에서破ᄒᆞ고追ᄒᆞ야鄴에일으러圍ᄒᆞ니慶緖ㅣ窘急ᄒᆞ야救홈을史思明에게求ᄒᆞ고또位로써讓홈을請ᄒᆞᆫ되思明이范陽兵十三萬을發ᄒᆞ야鄴을救코ᄌᆞ홀시觀望ᄒᆞ다가敢이進치못ᄒᆞ고滏陽에軍ᄒᆞ야멀니慶緖를爲ᄒᆞ야聲勢ᄒᆞ더라

十二月에 平盧節度使王玄志ㅣ 薨ᄒᆞ니 上이 遣中使ᄒᆞ야 往撫慰將士ᄒᆞ고 且就察軍中所欲立者ᄒᆞ야 授以旌節이러니 高麗人李懷玉이 爲裨將ᄒᆞ야 殺玄志之子ᄒᆞ고 推侯希逸ᄒᆞ야 爲平盧軍使ᄒᆞ어 朝廷이 因

以希逸로爲節度副使ᄒᆞ니節度使ㅣ由軍士廢立이自此始더라

十二月에平盧節度使王玄志ㅣ薨ᄒᆞ니上이中使를보내야往ᄒᆞ야將士를撫慰ᄒᆞ고ᄯᅩ軍中에立코ᄌᆞᄒᆞᄂᆞᆫ바를就察ᄒᆞ야旌節로ᄡᅥ授ᄒᆞ엿더니高麗人李懷玉이裨將이되여玄志의子를殺ᄒᆞ고侯希逸을推ᄒᆞ야平盧軍使를삼거ᄂᆞᆯ朝廷이因ᄒᆞ야希逸로ᄡᅥ節度副使를삼으니節度使ㅣ軍士로因ᄒᆞ야廢ᄒᆞ고立ᄒᆞᆷ이此로부터始ᄒᆞ엿더라

溫公曰夫民生有欲無主則亂是故聖人制禮以治之自天子諸侯至於卿大夫庶人尊卑有分大小有倫若綱條之相維臂指之相使是以民服事其上而下無覬覦其在周易上天下澤履象曰君子以辨上下定民志此之謂也凡人君所以能有其臣民者以八柄存乎己也苟或捨之則彼此之勢均何以使其下哉肅宗遭唐中衰幸而復國是宜正上下之禮以綱紀四方而偸取一時之安不思永久之患彼命將帥統藩維國之大事也乃委一介之使徇行伍之情無問賢不肖維其所欲與者則授之自是之後積習爲常君臣循守以爲得策謂之姑息乃至偏裨士卒殺逐主帥亦不治其罪因以其位任授之然則爵祿廢置殺生予奪皆不出於上而出於下亂之生也庸有極乎且夫有國家者賞善而誅惡故爲善者勸爲惡者懲彼爲人下而殺逐其上惡孰大焉乃使之擁旄秉鉞帥長一方是賞之也賞以勸惡其何所不至乎書云遠乃猷詩云猷之未遠是用大諫孔子曰人無遠慮必有近憂爲天下政而專事姑息其憂患可勝校乎由是爲下者常眄眄焉伺其

盼盼 區覓切視 視貌

所控 控告也

註 圍鄴 時慶緒據鄴故也 解體 目師老體勢屈故解體也

上苟得間則攻而族之爲上者常惴惴焉畏其下苟得間則掩而屠之爭務先發以逞其志非有相保養爲俱利久存之計也如是而求天下之安其可得乎迹其厲階肇於此矣蓋古者治軍必本於禮故晉文公城濮之戰見其師少長有禮知其可用今唐治軍而不顧禮使士卒得以陵偏裨偏裨得以陵將帥則將帥之陵天子自然之勢也由是禍亂繼起兵革不息民墜塗炭無所控訴凡二百餘年然後大宋受命太祖始制軍法使以階級相承有小違犯咸伏斧質是以上下有敘令行禁止四征不庭無思不服宇內乃又安兆民允殖以迄于今皆由治軍以禮故也豈非詒謀之遠哉

(己亥)二年이라 二月에 郭子儀等九節度ㅣ 圍鄴城ᄒᆞ다 諸軍이 旣無統帥ᄒᆞ고 城久不下ᄒᆞ니 上下解體라 思明이 引大軍ᄒᆞ고 直抵城下어ᄂᆞᆯ 官軍이 與之刻日決戰ᄒᆞᆯ서 未及布陳ᄒᆞ야 大風이 忽起ᄒᆞ야 吹沙拔木ᄒᆞ고 天地晝晦ᄒᆞ야 咫尺을 不相辨이라 兩軍이 大驚ᄒᆞ야 官軍은 潰而南ᄒᆞ고 賊은 潰而北ᄒᆞ니어ᄂᆞᆯ 子儀ㅣ 以朔方軍으로 斷河陽橋ᄒᆞ야 保東京ᄒᆞ니 戰馬ㅣ 萬匹이 惟存三千이오 甲仗十萬이 遺棄殆盡이라 東京士民이 奔竄山谷ᄒᆞ고 諸節度ㅣ 各潰歸本鎭ᄒᆞ야 旬日에 方定ᄒᆞ다

二年이라二月에郭子儀等九節度ㅣ鄴城을圍ᄒᆞᆯ시諸軍이임의統帥가無ᄒᆞ고城이오릭下치안으니上下ㅣ體를解ᄒᆞᆫ지라思明이大軍을引ᄒᆞ고곳城下에抵ᄒᆞ거ᄂᆞᆯ官軍이더부러日을刻ᄒᆞ야戰을決ᄒᆞᆯ시밋처陳을ᄒᆞ치못ᄒᆞ야大風이홀연이起ᄒᆞ야沙를吹ᄒᆞ고木을拔ᄒᆞ고天地가晝晦ᄒᆞ야咫尺을相辨ᄒᆞᆯ슈업ᄂᆞᆫ지라兩軍이크게驚ᄒᆞ야官軍은潰ᄒᆞ야南으로ᄒᆞ고賊은潰ᄒᆞ야北으로ᄒᆞ거ᄂᆞᆯ子儀ㅣ朔方軍으로써河陽橋을斷ᄒᆞ야東京을保ᄒᆞ니戰馬ㅣ萬匹이오쟈三千만存ᄒᆞ고甲仗十萬이遺棄ᄒᆞ야거의盡ᄒᆞᆫ지라東京士民이奔ᄒᆞ야山谷에竄ᄒᆞ고諸節度ㅣ各기潰ᄒᆞ야本鎭으로歸ᄒᆞ야旬日만에바야흐로定ᄒᆞ다

史思明이不與慶緖로相聞ᄒᆞ고但日於軍中에饗士ᄒᆞ니慶緖ㅣ不知所爲ᄒᆞ야乃上表稱臣於思明ᄒᆞ고以三百騎로詣思明營이어ᄂᆞᆯ思明이殺之ᄒᆞ니慶緖의先所有州縣及兵이皆歸於思明이라思明이遂自稱大燕皇帝ᄒᆞ다

史思明이慶緖로더부러相聞치아니ᄒᆞ고다만날마다軍中에士를饗ᄒᆞ니慶緖ㅣᄒᆞᆯ바를知치못ᄒᆞ야이에表를上ᄒᆞ야思明에게臣이라稱ᄒᆞ고三百騎로써思明의營에詣ᄒᆞ거ᄂᆞᆯ思明이殺ᄒᆞ니慶緖의먼저有ᄒᆞᆫ바州縣과밋兵이다思明에게歸ᄒᆞᄂᆞᆫ지라思明이드되여ᄉᆞᄉᆞ로大燕皇帝라稱ᄒᆞ다

李輔國註 宦官
軍馬 資治無馬字
內宅 在禁中輔國止宿之署舍
押署 見前註

四月에 太子詹事李輔國이 自上이 在靈武로 判元師行軍馬司馬事ᄒᆞ고 侍直帷幄ᄒᆞ야 宣傳詔命이러니 及還京師에 專掌禁兵ᄒᆞ야 常居內宅ᄒᆞ니 制敕을 必經輔國押署然後에 施行이러라

四月에太子詹事李輔國이上이靈武에在ᄒᆞᆷ으로부터元師行軍馬司馬事를判ᄒᆞ고帷幄을侍直ᄒᆞ야詔命을宣傳ᄒᆞ더니밋京師에還ᄒᆞ미오로지禁兵을掌ᄒᆞ야內宅에常居ᄒᆞ니制敕을반다시輔國에게經ᄒᆞ야押署ᄒᆞᆫ然後에施行ᄒᆞ더라

魚朝恩이 惡郭子儀ᄒᆞ야 因其敗ᄒᆞ야 短之於上ᄒᆞᆫ대 秋七月에 上이 召子儀還京師ᄒᆞ고 以李光弼로 代爲朔方節度使ᄒᆞ니 光弼이 治軍嚴整ᄒᆞ야 始至에 號令을 一施ᄒᆞ야 士卒壁壘旌旗를 精彩皆變ᄒᆞ니 是時에 朔方將士ㅣ 樂子儀之寬ᄒᆞ고 憚光弼之嚴이러라

魚朝恩이郭子儀를惡ᄒᆞ야그敗ᄒᆞᆷ을인ᄒᆞ야上게短ᄒᆞᆫ듸秋七月에上이子儀를불너京師에還ᄒᆞ고李光弼로써代ᄒᆞ야朔方節度使를삼으니光弼이軍을治ᄒᆞᆷ이嚴整ᄒᆞ야비로소至ᄒᆞ미號令을ᄒᆞᆫ번施ᄒᆞ야士卒壁壘旌旗를精彩히다變ᄒᆞ니이時에朔方將士ㅣ子儀의寬ᄒᆞᆷ을樂ᄒᆞ고光弼의嚴ᄒᆞᆷ을憚ᄒᆞ더라

冬十月에史思明이引兵攻河陽ᄒᆞ다 思明이有良馬千餘匹ᄒᆞ야每
日에出於河渚浴之ᄒᆞ고 循環不休ᄒᆞ야以示多ᄒᆞ어ᄂᆞᆯ 光弼이命索軍中
牝馬ᄒᆞ야得五百匹ᄒᆞ야 縶其駒於城內ᄒᆞ고 俟思明馬ㅣ至水際ᄒᆞ야 盡
出之ᄒᆞ니 馬嘶不已라 思明馬ㅣ悉浮渡河ᄒᆞ어ᄂᆞᆯ 一時에驅之入城ᄒᆞ되
思明이怒ᄒᆞ야屯兵於河淸ᄒᆞ고 欲絶光弼糧道ᄒᆞ어ᄂᆞᆯ 光弼이軍于野水
渡ᄒᆞ야以備之ᄒᆞ니 思明이復攻河陽ᄒᆞ이어ᄂᆞᆯ 光弼諸將이 致死擊之ᄒᆞ니 賊
衆이大潰라 思明이乃遯ᄒᆞ다

冬十月에史思明이兵을引ᄒᆞ야河陽을攻ᄒᆞ다思明이良馬千餘匹이有ᄒᆞ야每日에
河渚에出ᄒᆞ야浴ᄒᆞ고循環ᄒᆞ야休치아니ᄒᆞ야써多홈을示ᄒᆞ거ᄂᆞᆯ光弼이命ᄒᆞ야軍
中牝馬를索ᄒᆞ야五百匹을得ᄒᆞ야그駒를城內에縶ᄒᆞ고思明馬가水際에至ᄒᆞ기를
俟ᄒᆞ야다出ᄒᆞ니馬ㅣ嘶홈을己치안ᄂᆞᆫ지라思明馬가다浮ᄒᆞ야河를渡ᄒᆞ거ᄂᆞᆯ一時
에驅ᄒᆞ야城에入ᄒᆞ되思明이怒ᄒᆞ야兵을河淸에屯ᄒᆞ고光弼의糧道를絶코ᄌᆞᄒᆞ거
ᄂᆞᆯ光弼이野水渡에軍ᄒᆞ야써備ᄒᆞ니思明이다시河陽을攻ᄒᆞ거ᄂᆞᆯ光弼의諸將이死
에致토록擊ᄒᆞ니賊衆이크게潰ᄒᆞᄂᆞᆫ지라思明이이에遯ᄒᆞ다

多御長慶目長慶樓南臨大道上皇每御之徘徊見覽也

熒惑 註熒亦惑也

不豫 豫安也

(庚子)上元元年이라四月에史思明이入東京ᄒᆞ다

上元元年이라四月에史思明이東京에入ᄒᆞ다

以京兆尹劉晏으로爲戶部侍郞ᄒᆞ야充度支鑄錢鹽鐵等使ᄒᆞ니晏이善治財利故로用之러라

京兆尹劉晏으로써戶部侍郞을ᄉᆞᆷ어度支鑄錢鹽鉄等使를充ᄒᆞ니晏이財利를善治ᄒᆞ는故로用ᄒᆞ엿더라

上皇이愛興慶宮ᄒᆞ야自蜀으로歸에即居之ᄒᆞ고上皇이多御長慶樓ᄒᆞ니父老過者ㅣ往往瞻拜呼萬歲라李輔國이言於上曰上皇이居興慶宮ᄒᆞ야日與外人으로交通ᄒᆞ고陳玄禮高力士ㅣ謀不利於陛下라ᄒᆞ고且興慶宮은與閭閻으로相參ᄒᆞ야垣墉이淺露ᄒᆞ니非至尊所宜居오大內는深嚴ᄒᆞ니奉迎居之면與彼何殊리오又得杜絕小人의熒惑聖德ᄒᆞ소서上이不聽ᄒᆞ니輔國이又令六軍將士로號泣叩頭ᄒᆞ고請迎上皇ᄒᆞ야如西內어늘上이泣不應이러니會에上이不豫라秋七月에

茹葷 葷彙音熏 辛息菜 葱蒜之屬 今釋家以大蒜小蒜興渠慈葱茖葱爲五葷 道家以韭蒜芸薹胡荽薤爲五葷

輔國이矯稱上語ᄒᆞ야 迎上皇如西內ᄒᆞ야 居甘露殿ᄒᆞ니 所留侍衛兵이纔尫老數十人이라 高力士ᄂᆞᆫ流巫州ᄒᆞ고 陳玄禮ᄂᆞᆫ 勒致仕ᄒᆞ니 上皇이不懌ᄒᆞ야 因不茹葷ᄒᆞ고 釋義茹音汝飮食也葷臭菜也方術家所禁謂氣不潔也 辟穀ᄒᆞ야 釋義爲句 寖以成疾이라 上이初에 猶往問安ᄒᆞ고 既而오 上이 亦有疾ᄒᆞ야 但遣人起居러니 其後에上이稍悔悟ᄒᆞ고 惡輔國欲誅之ᄒᆞ되 畏其握兵ᄒᆞ야 竟猶豫不能決이러라 猶余救反

上皇이興慶宮을愛ᄒᆞ야蜀으로부터歸ᄒᆞ야곳居ᄒᆞ고上皇이마니長慶樓에御ᄒᆞ니父老ㅣ過ᄒᆞᄂᆞᆫ者ㅣ往往이瞻拜ᄒᆞ고萬歲를呼ᄒᆞᄂᆞᆫ지라李輔國이上긔言ᄒᆞ야曰上皇이興慶宮에居ᄒᆞ야날마다外人으로더부러交通ᄒᆞ고陳玄禮와高力士ㅣ不利홈을陛下에게謀ᄒᆞᆫ다ᄒᆞ고ᄯᅩ興慶宮은閭閻으로더부러서로參ᄒᆞ야垣墉이淺露ᄒᆞ니至尊의宜居ᄒᆞ실빈아니오大內ᄂᆞᆫ深ᄒᆞ고嚴ᄒᆞ니奉迎ᄒᆞ야居ᄒᆞ면彼로與ᄒᆞ야何가殊ᄒᆞ리오ᄯᅩ실어금小人이聖德을熒惑홈을杜絶ᄒᆞ소서上이聽치아니ᄒᆞ니輔國이ᄯᅩ六軍將士로ᄒᆞ야금號泣ᄒᆞ야頭를叩ᄒᆞ고上皇을迎ᄒᆞ야西內로如ᄒᆞ믈請ᄒᆞ거늘上이泣ᄒᆞ고應치안터니會에上이豫치안은지라秋七月에輔國이上語를矯稱ᄒᆞ야上皇을迎ᄒᆞ야西內로如ᄒᆞ야甘露殿에居ᄒᆞ니留ᄒᆞᆫ바侍衛兵이겨우尫老數十人이

僕固 註複姓也

라高力士는巫州에流ᄒᆞ고陳玄禮는勒으로致仕ᄒᆞ니上皇이不懌ᄒᆞ야因ᄒᆞ야葷茹를아니ᄒᆞ고辟穀ᄒᆞ야寢에써疾을成ᄒᆞᆫ지라上이初에오히려往ᄒᆞ야安을問ᄒᆞ고既而오上이또ᄒᆞᆫ疾이有ᄒᆞ야다만人을遣ᄒᆞ야起居ᄒᆞ더니그後에上이점々悔悟ᄒᆞ고輔國을惡ᄒᆞ야誅코ᄌᆞ호ᄃᆡ그握兵ᄒᆞᆷ을畏ᄒᆞ야마ᄎᆞᆷᄂᆡ猶豫ᄒᆞ야能히決치못ᄒᆞ더라

(辛丑)二年이라或이言호ᄃᆡ洛中將士는皆燕人이라久戍思歸ᄒᆞ야上下ㅣ離心ᄒᆞ니急擊之면可破也라ᄒᆞ야놀魚朝恩이以爲信然ᄒᆞ야屢言於上ᄒᆞᆫᄃᆡ上이敕李光弼等ᄒᆞ야進取東京ᄒᆞ니光弼이奏稱호ᄃᆡ賊鋒이尙銳ᄒᆞ니未可輕進이니이다朔方節度使僕固懷恩이勇而愎ᄒᆞ고麾下ㅣ皆蕃漢勁卒로亦附朝恩이라言東都를可取어놀由是로中使ㅣ相繼ᄒᆞ야督光弼出師ᄒᆞ니光弼이不得已與懷恩으로將兵攻洛陽ᄒᆞᆯᄉᆡ思明이引兵薄之ᄒᆞ니官軍이大敗ᄒᆞ야河陽懷州ㅣ皆沒於賊ᄒᆞ다

二年이라或이言호ᄃᆡ洛中에將士는다燕人이라久히戍ᄒᆞ야歸ᄒᆞᆷ을思ᄒᆞ야上下ㅣ心을離ᄒᆞ니急히擊ᄒᆞ면可히破ᄒᆞᆯ지라ᄒᆞ야놀魚朝恩이써信然히여겨屢히上게言ᄒᆞᆫᄃᆡ上이李光弼等을敕ᄒᆞ야進ᄒᆞ야東京을取케ᄒᆞ니光弼이奏ᄒᆞ야稱호ᄃᆡ賊鋒이

張后
肅宗后
端午
端始也午
忤也五月
陰氣午逆
陽胃地而
出也

오히려銳ᄒᆞ니可히輕히進치못ᄒᆞᆯ지니이다朔方節度使僕固懷恩이勇ᄒᆞ고愎ᄒᆞ고
麾下ㅣ다蕃漢勁卒로ᄯᅩᄒᆞᆫ朝恩에게付ᄒᆞᆫ지라言ᄒᆞ되東都를可히取ᄒᆞᆯ지라ᄒᆞ야늘
是로말미암마中使ㅣ相繼ᄒᆞ야光弼의出師ᄒᆞᆷ을督ᄒᆞ니光弼이不得已ᄒᆞ야懷恩으
로더부러兵을將ᄒᆞ야洛陽을攻ᄒᆞᆫ되思明이兵을引ᄒᆞ야薄ᄒᆞ니官軍이크게敗ᄒᆞ야
河陽과懷州ㅣ다賊에게沒ᄒᆞ다

史思明이猜忍ᄒᆞ야好殺羣下ᄒᆞ고小不如意면動至族誅ᄒᆞ니 人不自
保라 其部將駱悅이縊殺之ᄒᆞ고 朝義ㅣ 卽帝位ᄒᆞ다 釋義按朝義思明之長子也無寵愛少子朝淸常欲殺朝義而立之故有是謀也

史思明이猜忍ᄒᆞ야群下를殺ᄒᆞ기를好ᄒᆞ고小라도意와如치아니ᄒᆞ면動ᄒᆞ야族을
誅ᄒᆞᆷ에至ᄒᆞ니人이ᄉᆞᄉᆞ로保치못ᄒᆞᄂᆞᆫ지라그部將駱悅이縊ᄒᆞ이殺ᄒᆞ고朝義ㅣ帝
位에卽ᄒᆞ다

初에李輔國이與張后로同謀ᄒᆞ야 遷上皇於西內ᄒᆞ니라 是日은端午라
山人李唐이見上ᄒᆞᆯ이어上이方抱幼女ᄒᆞ고 謂唐曰朕이念之ᄒᆞ노니卿은
勿恠也ᄒᆞ라 對曰太上皇이思見陛下計ᄒᆞ되 亦如陛下之念公主

也ㅣ니다 上이 泫然泣下ᄒᆞ나(泫胡犬反)然이나 畏張后ᄒᆞ야 尙不敢詣西內러라

初에李輔國이張后로더부러謀를同ᄒᆞ이上皇을西內에遷ᄒᆞ엿더니是日은端午라山人李唐이上을見ᄒᆞ거늘上이바야흐로幼女를抱ᄒᆞ고唐다려謂ᄒᆞ야曰朕이念ᄒᆞ노니卿은恠치말라對ᄒᆞ야曰太上皇이陛下見ᄒᆞᆯ計를思ᄒᆞ오ᄃᆡ亦陛下ㅣ公主를念ᄒᆞ심과如ᄒᆞ니이다上이泫然히泣下ᄒᆞ나그러나張后를畏ᄒᆞ야오히려敢히西內에詣치못ᄒᆞ더라

(壬寅)寶應元年이라 以鄧景山으로 爲河東節度使러니 將士ㅣ作亂ᄒᆞ야 殺景山이어ᄂᆞᆯ 上이 以景山이 撫御失所로 以致亂이라ᄒᆞ야 不復推究ᄒᆞ고 遣使ᄒᆞ야 慰諭以安之ᄒᆞ니 諸將이 請以都知兵馬使辛雲京으로 爲節度使어ᄂᆞᆯ 建卯月에 以雲京으로 爲河東節度使ᄒᆞ다

寶應元年이라鄧景山으로써河東節度使를삼엇더니將士ㅣ亂를作ᄒᆞ야景山을殺ᄒᆞ거늘上이써景山이撫御에所를失ᄒᆞᆷ으로써亂을致ᄒᆞ얏다ᄒᆞ야다시推ᄒᆞ야究치아니ᄒᆞ고使를遣ᄒᆞ야慰諭ᄒᆞ야써安ᄒᆞ니諸將이都知兵馬使辛雲京으로써節度使삼기를請ᄒᆞ거늘建卯月에雲京으로써河東節度使를삼다

註 建卯月上元二年改制度以十一月爲歲首月以斗柄所建辰爲名

突將領驍勇馳突之將 茘非羌人複姓

是歲에絳州突將王元振이以儲積不充으로殺行營都統李國貞ᄒᆞ고鎭西北庭ᄒᆞ니行營兵이亦殺節度使茘非元禮ᄒᆞ고推裨將白孝德ᄒᆞ야爲節度使ᄒᆞ니朝廷이皆因而授之ᄒᆞ다

是歲에絳州突將王元振이儲積이充치못홈으로써行營都統李國貞을殺ᄒᆞ고西北庭을鎭ᄒᆞ니行營兵이ᄯᅩᄒᆞᆫ節度使茘非元禮를殺ᄒᆞ고裨將白孝德을推ᄒᆞ야節度使를삼으니朝廷이다因ᄒᆞ야授ᄒᆞ다

絳州諸軍이剽掠不已어늘以郭子儀로爲汾陽王ᄒᆞ야知朔方河中等軍副元帥ᄒᆞ다

絳州諸軍이剽掠홈을巳치안커늘郭子儀로써汾陽王을삼어朔方河中等軍副元帥을知케ᄒᆞ다

甲寅에上皇이崩于神龍殿ᄒᆞ니年이七十八이라上이以寢疾로發哀於內殿ᄒᆞ고哀慕ᄒᆞ니疾이轉劇이라乃命太子監國ᄒᆞ다

甲寅에上皇이神龍殿에서崩ᄒᆞ니年이七十八이라上이寢疾로써哀홈을內殿에서發ᄒᆞ야哀慕ᄒᆞ니疾이轉ᄒᆞ야劇ᄒᆞᆫ지라이에太子를命ᄒᆞ야國을監케ᄒᆞ다

內射生使目以宦官領射生手故曰內射生

初에張后ㅣ與李輔國으로相表裏ᄒᆞ야專權用事ᄒᆞ더니晩年에更有隙ᄒᆞ야欲殺輔國ᄒᆞ고廢太子ᄒᆞ거늘內射生使程元振이與輔國으로謀ᄒᆞ야遷張后於別殿이라가尋에殺之ᄒᆞ다

初에張后ㅣ李輔國으로더부러서로表裏ᄒᆞ야權을專ᄒᆞ야事를用ᄒᆞ더니晩年에다시隙이有ᄒᆞ야輔國을殺ᄒᆞ고太子를廢코ᄌᆞᄒᆞ거늘內射生使程元振이輔國으로더부러謀ᄒᆞ야張后를別殿에遷ᄒᆞ얏다가곳殺ᄒᆞ다

丁卯에上이崩ᄒᆞ니代宗이卽位ᄒᆞ다

丁卯에上이崩ᄒᆞ니代宗이位에卽ᄒᆞ다

初에李國貞이治軍嚴ᄒᆞ니朔方將士ㅣ不樂ᄒᆞ야皆思郭子儀故로王元振이因之作亂이러니子儀ㅣ至軍에元振이自以爲功이어ᄂᆞᆯ子儀ㅣ曰汝ㅣ臨賊境ᄒᆞ야輒害主將ᄒᆞ니若賊이乘其釁이면無絳州矣라吾ㅣ爲宰相ᄒᆞ야豈受一卒之私耶아七月에收元振及同謀四十人ᄒᆞ야皆殺之ᄒᆞ니辛雲京이聞之ᄒᆞ고亦推按殺鄧景山者數十

專橫註橫去聲不以理也

人ᄒᆞ야誅之ᄒᆞ니由是로河東諸鎭이率皆奉法이러라

初에李國貞이軍을治ᄒᆞᆷ이嚴ᄒᆞ니朔方將士ㅣ樂지아니ᄒᆞ야다郭子儀를思ᄒᆞᄂᆞᆫ故로王元振이因ᄒᆞ야亂을作ᄒᆞ더니子儀ㅣ軍에至ᄒᆞ미元振이스ᄉᆞ로써功이라ᄒᆞ야ᄂᆞᆯ子儀ㅣ曰汝ㅣ賊境에臨ᄒᆞ야문득主將을害ᄒᆞ니만약賊이그釁을乘ᄒᆞ얏드면絳州가無ᄒᆞ엿슬지라吾ㅣ宰相이되야엇지一卒의私를受ᄒᆞ라七月에元振과밋同謀ᄒᆞᆫ四十人을收ᄒᆞ야다殺ᄒᆞ니辛雲京이聞ᄒᆞ고ᄯᅩᄒᆞᆫ鄧景山을殺ᄒᆞᆫ者數十人을推按ᄒᆞ야誅ᄒᆞ니是로由ᄒᆞ야河東諸鎭이率히다法을奉ᄒᆞ더라

八月에郭子儀ㅣ自河東入朝ᄒᆞ니時에程元振이用事ᄒᆞ야忌子儀功高任重ᄒᆞ야數譖之於上이어ᄂᆞᆯ子儀ㅣ不自安ᄒᆞ야表請解副元帥節度使ᄒᆞᆫ되上이慰撫之ᄒᆞ니子儀ㅣ遂留京師ᄒᆞ다

八月에郭子儀ㅣ河東으로부터入ᄒᆞ야朝ᄒᆞ니時에程元振이事를用ᄒᆞ야子儀ㅣ功이高ᄒᆞ고任이重ᄒᆞ믈忌ᄒᆞ야ᄌᆞ조上게譖ᄒᆞ거ᄂᆞᆯ子儀ㅣ스ᄉᆞ로安치못ᄒᆞ야表ᄒᆞ야副元帥節度使를解ᄒᆞ기를請ᄒᆞᆫ되上이慰ᄒᆞ야撫ᄒᆞ니子儀ㅣ드듸여京師에留ᄒᆞ다

上이在東宮에以李輔國이專橫으로心甚不平ᄒᆞ고及嗣位에以輔國이有殺張后之功으로不欲顯誅之러니十月壬戌夜에盜ㅣ入其

第ᄒᆞ야 竊輔國之首及一臂而去어ᄂᆞᆯ 勅有司捕盜ᄒᆞ고 遣中使ᄒᆞ야 存問其家ᄒᆞ고 爲刻木首ᄒᆞ야 葬之ᄒᆞ다

上이東宮에在ᄒᆞᆷ에李輔國이專橫ᄒᆞᆷ으로써心이甚히平치못하엿고밋位를嗣ᄒᆞᆷ에輔國이張后를殺ᄒᆞᆫ功이有ᄒᆞᆷ으로써顯誅코ᄌᆞ아니ᄒᆞ더니十月壬戌夜에盜ㅣ그第에入ᄒᆞ야輔國의首와밋一臂를竊ᄒᆞ야去ᄒᆞ거ᄂᆞᆯ有司에勅ᄒᆞ야盜를捕케ᄒᆞ고中使를보ᄂᆡ여그家에存問ᄒᆞ고木首를刻ᄒᆞ야葬케ᄒᆞ다

九月에 上이 遣中使劉清潭ᄒᆞ야 使于回紇ᄒᆞ야 修舊好ᄒᆞ고 且徵兵討史朝義ᄒᆞ다 先是에 肅宗이 以僕固懷恩女로 妻可汗ᄒᆞ니 可汗이 請與懷恩으로 相見ᄒᆞᆫᄃᆡ 懷恩이 時在涼州라 上이 令往見之ᄒᆞ니 懷恩이 爲言ᄒᆞᄃᆡ 唐家恩信을 不可負니라 可汗이 悅ᄒᆞ야 遣使上表ᄒᆞ야 請助國討朝義ᄒᆞ다

九月에上이中使劉淸潭을遣ᄒᆞ야回紇에게使ᄒᆞ야舊好를修ᄒᆞ고ᄯᅩ兵을徵ᄒᆞ야史朝義를討ᄒᆞ다先是에肅宗이僕固懷恩의女로써可汗에妻ᄒᆞ니可汗이懷恩으로더부러서로見키를請ᄒᆞᆫᄃᆡ懷恩이時에涼州에在ᄒᆞᆫ지라上이令ᄒᆞ야往見케ᄒᆞ니懷恩

雍王适代宗長子是爲德宗魚朝恩宦官

이言호ᄃᆡ唐家의恩信을可히負치못홀지니라可汗이悅ᄒᆞ야使를보ᄂᆡ야表를上ᄒᆞ야國을도와朝義를討ᄒᆞ기請ᄒᆞ다

以雍王适로 爲天下兵馬元帥ᄒᆞ다會에 諸道節度使及回紇이於陝州에進討朝義홀ᄉᆡ 上이欲以郭子儀로爲适副ㅣᄒᆞ니程元振魚朝恩이沮之而止ᄒᆞ고加僕固懷恩同平章事ᄒᆞ야領諸軍節度行營ᄒᆞ야以副适ᄒᆞ다

雍王适로ᄡᅥ天下兵馬元帥를삼다會에諸道節度使와밋回紇이陝州에셔朝義를進討홀ᄉᆡ上이郭子儀로ᄡᅥ适에副를삼고ᄌᆞᄒᆞ니程元振과魚朝恩이沮ᄒᆞ야止ᄒᆞ고僕固懷恩을加ᄒᆞ야平章事를同히ᄒᆞ야諸軍과節度行營을領케ᄒᆞ야ᄡᅥ适을副ᄒᆞ다

戊辰에諸軍이發陝州홀ᄉᆡ僕固懷恩이與回紇로 爲前鋒ᄒᆞ야與李光弼李抱玉等으로數道竝進ᄒᆞ다壬申에官軍이至洛陽北郊ᄒᆞ니賊衆數萬이立柵自固어늘官軍이驟擊之ᄒᆞ니賊衆이大敗ᄒᆞ야朝義ㅣ將輕騎數百東走어늘懷恩이進克東京ᄒᆞ고使其子瑒으로乘勝逐朝義ᄒᆞ야累戰皆捷ᄒᆞ다

戊辰에諸軍이陜州를發홀싀僕固懷恩이回紇로더부러前鋒이되야李光弼과李抱玉等으로더부러數道로並ᄒᆞ야進ᄒᆞ다壬申에官軍이洛陽北郊에至ᄒᆞ니賊衆數萬이柵을立ᄒᆞ고스ᄉᆞ로固ᄒᆞ거늘官軍이驟ᄒᆞ야擊ᄒᆞ니賊衆이크게敗ᄒᆞ야朝義ㅣ輕騎數百을將ᄒᆞ고東으로走ᄒᆞ거늘懷恩이進ᄒᆞ야東京을克ᄒᆞ고그子瑒으로ᄒᆞ야금勝홈을乘ᄒᆞ야朝義을逐ᄒᆞ야累戰에다捷하다

回紇이入東京ᄒᆞ야肆行殺掠홀서火ㅣ累旬不滅이라十一月에露布ㅣ至京師ᄒᆞ다

回紇이東京에入ᄒᆞ야殺掠을肆行홀서火ㅣ累旬을滅치아니하는지라十一月에露布ㅣ京師에至ᄒᆞ다

郭子儀ㅣ以懷恩이有平河朔大功이라ᄒᆞ야請以副元帥로讓之어늘己亥에以懷恩으로爲河北副元帥ᄒᆞ다

郭子儀ㅣ써懷恩이河朔을平ᄒᆞᆫ大功이有ᄒᆞ다ᄒᆞ야請ᄒᆞ야副元師로써讓ᄒᆞ거늘己亥에懷恩으로써河北副元帥를삼다

(丙申)攻雍丘潮以縣降賊賊使擊淮陽俘百餘人拘於雍丘將殺之淮陽兵作亂潮棄妻子走賁得乘其間入據雍丘幸蜀上命陳玄禮整比六軍厚賜錢帛選廐馬九百餘匹外人莫之知(乙未)黎明帝與貴妃姊妹皇子妃主皇孫楊國忠韋見素等及親近宦官宮人出去上遣宦者王洛卿前行告諭郡縣置頓洛卿與縣令俱逃徵召吏民莫有應者小利故也代宗贊曰高祖以來三遜于位以授其子而獨睿宗上畏天戒發誠於心若高祖玄宗豈其志哉注畏天

戒謂星官言帝座前星有變睿宗曰傳德避災吾意决矣詔皇太子卽皇帝位太子惶恐入請睿宗曰此吾所以答天戒也豈其志言高祖因秦王殺建成元吉而授位于太宗玄宗因祿山之亂幸蜀而授位于肅宗皆非其本志也酺音蒲王德布飮酒也漢律三人禮上會飮罰金四兩賜酺得聚飮唐無此禁亦賜酺者聚作伎樂高年賜酒麴(丁酉)張巡辟雍丘保寧陵子奇以兵十三萬來遠爲睢陽守告急於巡巡引兵入睢陽遠曰遠儒不知兵公智勇兼濟公爲遠戰遠爲公守賊以巡善用兵畏巡爲後患故不滅巡則不得越過而南也(戊戌)定民志易履卦大象傳之辭也程子曰天在上澤在下上下之正理也人之所履當如是故取其象而爲履君子觀履之象以辨上下之分以定其民志八柄周禮王以八柄馭羣臣一曰爵以馭其貴二曰祿以馭其富三曰予以馭其幸四曰置以馭其行五曰生以馭其禮六曰奪以馭其貧七曰廢以馭其罪八曰誅以馭其過(庚子)西內初隋文帝遷長安城立宮於西北高宗營蓬萊宮於東北命故宮曰西內新宮曰東內亦曰大明宮又唐都長安以太極宮爲西內大明宮爲東內興慶宮爲南內(壬寅)內射生使肅宗擇善騎射者千人爲內射生手號英武軍入禁中淸內難又號寶應軍以宦官領之故曰內射生使露布見四十九卷癸酉年露板不封布諸視聽也

唐紀

代宗睿文孝武皇帝 名豫初名俶 肅宗長子 在位十七年 壽五十三

平亂守成足爲中材之主然藩鎭陸梁上陵下替養成亂階唐之紀綱大壞不可復振則肅代之爲也

(癸卯)廣德元年이라僕固瑒等이追及史朝義於莫州ᄒᆞ야圍之ᄒᆞ니朝義ㅣ屢出戰皆敗ᄒᆞ야選精騎五千ᄒᆞ고自北門으로犯圍而出이라李懷仙이遣兵追及之ᄒᆞ니朝義ㅣ窮蹙ᄒᆞ야縊於林中이어늘懷仙이取其首ᄒᆞ야以獻ᄒᆞ니僕固懷恩이與諸軍으로皆還ᄒᆞ다

廣德元年이라僕固瑒等이史朝義를莫州에追及ᄒᆞ야圍ᄒᆞ니朝義ㅣ屢히出ᄒᆞ야戰

相衛 註相去聲 商所都 田承嗣 亦降將

李寶臣祿山假子歸命於朝名其軍曰成德即拜節度使有恒定易趙深冀卞州之地雄冠山東

다가다敗ᄒᆞ야精騎五千을選ᄒᆞ고北門으로부터圍ᄒᆞᆷ을犯ᄒᆞ야出ᄒᆞᄂᆞᆫ지라李懷仙이兵을遣ᄒᆞ야追及ᄒᆞ니朝義ㅣ窮蹙ᄒᆞ야林中에縊ᄒᆞ거ᄂᆞᆯ懷仙이그首를取ᄒᆞ야써獻ᄒᆞ니僕固恩懷ㅣ諸軍으로더부러다還ᄒᆞ다

閏月에以史朝義降將薛嵩으로爲相衛邢洛貝磁六州節度使ᄒᆞ고(磁墻之反)田承嗣로爲魏博德滄瀛五州都防禦使ᄒᆞ고(釋義魏博藩鎭田承嗣始傳五至田弘正八朝七年復亂更四姓傳十世有州七曰貝魏相磁洛博衞)李懷仙으로仍故地ᄒᆞ야爲幽州盧龍節度使(釋義盧龍藩鎭自李懷仙始更三姓傳五世至劉總入朝六月朱克融反傳十二世有州九曰幽涿營瀛莫平薊嬀檀)時에河北諸州ㅣ皆已降이라僕固懷恩이恐賊平寵衰故로奏留嵩等及李寶臣ᄒᆞ야分帥河北ᄒᆞ야自爲黨援이어ᄂᆞᆯ朝廷이亦厭苦兵革ᄒᆞ고苟冀無事ᄒᆞ야因而授之ᄒᆞ다(懷恩傳)

閏月에史朝義의降將薛嵩으로써相衛邢洛貝磁六州節度使를삼고田承嗣로魏博德滄瀛五州都防禦使를삼고李懷仙으로故地를仍ᄒᆞ야幽州盧龍節度使를삼으니時에河北諸州ㅣ다임의降ᄒᆞᆫ지라僕固懷恩이賊이平ᄒᆞ매寵이衰ᄒᆞᆯ가恐ᄒᆞᄂᆞᆫ故로奏ᄒᆞ야嵩等과밋李寶臣을留ᄒᆞ야河北에分帥ᄒᆞ야스스로黨援을삼거ᄂᆞᆯ朝廷이또ᄒᆞᆫ兵革을厭苦ᄒᆞ고구ᄎᆞ히無事ᄒᆞᆷ을冀ᄒᆞ야因ᄒᆞ야授ᄒᆞ다

六月에禮部侍郎楊綰이上疏以爲ᄒᆞ되古之選士엔必取行實이

道學玄宗尊重道敎置玄學博士每歲依明經置即道學也

니近世엔 專事文辭ᄒᆞ야 自隋煬帝ㅣ 始置進士科로 猶試策而已
오至高宗時ᄒᆞ야는 考功員外郞劉思立이 始奏ᄒᆞ야 進士에 加雜文ᄒᆞ고
釋義進士謂所試一大經併爾雅帖皆通而後試文試賦各一篇文賦通而後試策凡五條三試皆通者爲第 明經에 加帖括ᄒᆞ니 釋義明經帖括謂所試一大經併孝經論語爾雅其他有差帖皆通而口問之一經問十義得六者爲通問通而後試策凡三條三試皆通者爲第 從此로 積弊ㅣ 轉而成俗ᄒᆞ야 朝之公卿이
以此待士ᄒᆞ고 家之長老ㅣ 以此訓子ᄒᆞ야 釋義長老謂年長老成之人 其明經則誦帖
括ᄒᆞ야 以求僥倖ᄒᆞ고 釋義誦帖括曰帖誦其明經則誦帖括謂機括而誦之 又擧人에 皆令投牒自應ᄒᆞ니 如
此코 欲其返淳朴崇廉讓인ᄃᆞᆫ 何可得也ㅣ리잇고 請令縣令으로 察孝廉
ᄒᆞ야 取行着鄕閭ᄒᆞ고 學知經術ᄒᆞ야 薦之於州어든 刺史ㅣ 考試ᄒᆞ야 升之
於省任ᄒᆞ야 各占二經ᄒᆞ고 朝廷엔 擇儒學之士ᄒᆞ야 問經義二十條ᄒᆞ고
對策三道ᄒᆞ야 上第는 卽注官ᄒᆞ고 釋義上第謂才優而品第最高者 中第는 得出身ᄒᆞ고 下第는
罷歸ᄒᆞ고 又道擧ㅣ 亦非理國所資望이니 釋義唐制取士歲擧常選之外其天子自語者曰制擧道其所欲問而親策之 與
明經進士로 並停ᄒᆞ소서 或이 以爲明經進士는 行之已久라 不可
遽改ᄒᆞ니라 事雖不行이나 識者ㅣ 是之러라

明

六月에禮部侍郞楊綰이上疏ᄒᆞ야써호ᄃᆡ古에士를選ᄒᆞᆷ엔반다시行實을取ᄒᆞ더니
近世엔文辭를專事ᄒᆞ야隋煬帝ㅣ始로進士科를置ᄒᆞᆷ으로브터오히려策을試ᄒᆞᆯᄯᆞ
ᄅᆞᆷ이오高宗時에至ᄒᆞ야ᄂᆞᆫ考功員外郞劉思立이始奏ᄒᆞ야進士에雜文을加ᄒᆞ고明
經에帖括을加ᄒᆞ니此로조ᄎᆞ積ᄒᆞᆫ弊가轉ᄒᆞ야俗이되야朝의公卿이此로써士을待
ᄒᆞ고家에長老ㅣ此로써子를訓ᄒᆞ야그明經인則帖括을誦ᄒᆞ야써僥倖을求ᄒᆞ고ᄯᅩ
人을擧ᄒᆞᆷ에다投牒으로ᄒᆞ야금ᄉᆞᄉᆞ로應ᄒᆞ니此와如ᄒᆞ고그淳朴ᄒᆞᆷ을返ᄒᆞ고廉讓
을崇코ᄌᆞᄒᆞᆫ들엇지可히得ᄒᆞ리잇고請컨ᄃᆡ縣令으로ᄒᆞ야금孝廉을察ᄒᆞ야行이鄕
閭에著ᄒᆞ고學이經術을知ᄒᆞᆷ을取ᄒᆞ야州에薦ᄒᆞ거든刺史가考ᄒᆞ고試ᄒᆞ야省任에
升ᄒᆞ야二經을各占케ᄒᆞ고朝廷엔儒學의士를擇ᄒᆞ야經義二十條를問ᄒᆞ고策三道
를對ᄒᆞ야上第ᄂᆞᆫ即官에注ᄒᆞ고中第ᄂᆞᆫ出身을得ᄒᆞ고下第ᄂᆞᆫ罷ᄒᆞ야歸ᄒᆞ고ᄯᅩ道擧
ㅣᄯᅩᄒᆞᆫ國를理ᄒᆞᆷ에資望ᄒᆞᄂᆞᆫ바안이니明經進士로더부러並停ᄒᆞ소서或이써호ᄃᆡ
明經進士ᄂᆞᆫ行ᄒᆞᆫ지임의久ᄒᆞᆫ지라可히遽히改치못ᄒᆞᆫ다ᄒᆞ니事ㅣ비록行치못ᄒᆞᄂᆞ
識ᄒᆞᄂᆞᆫ者ㅣ是히여기더라

七月에吐蕃이入大震關ᄒᆞ야（釋義 隴州汧源縣大震關後改曰安戎）**盡取河西隴右之地ᄒᆞ다**

七月에吐蕃이大震關에入ᄒᆞ야다河西隴右의地를取ᄒᆞ다

初에河東節度使辛雲京이與僕固懷恩으로構隙ᄒᆞ야奏懷恩이謀

女嫁絶域回紇求婚肅宗以懷恩女妻上書自訟目頗不引

反이라ᄒᆞ야놀 上이 優詔和解之ᄒᆞ다 懷恩이 自以兵興以來로 所在力戰ᄒᆞ야 一門이 死王事者ㅣ 四十六人이오 女嫁絶域ᄒᆞ야 說諭回紇ᄒᆞ야 再收兩京ᄒᆞ고 平定河南北ᄒᆞ니 功無與比而爲人所構陷ᄒᆞ야 憤怨殊深ᄒᆞ야 上書自訟ᄒᆞ되 言甚切至ᄒᆞ어놀 上이 遣使慰諭之ᄒᆞ다

初에河東節度使辛雲京이僕固懷恩으로더부러隙을構ᄒᆞ야奏ᄒᆞ되懷恩이反ᄒᆞᆷ을謀ᄒᆞᆫ다ᄒᆞ거놀上이詔를優히ᄒᆞ야和解케ᄒᆞ다懷恩이써兵을興ᄒᆞ야써옴으로브터在ᄒᆞᆫ바에力으로戰ᄒᆞ야一門이王事에死ᄒᆞᆫ者ㅣ四十六人이오女를絶域에嫁ᄒᆞ야回紇을說諭ᄒᆞ야兩京을再收ᄒᆞ고河南北을平定ᄒᆞ니功이더부러比ᄒᆞᆯ데가無ᄒᆞ되人의構陷ᄒᆞᆫ비되야憤怨ᄒᆞᆷ이ᄌᆞ못深ᄒᆞ야書를上ᄒᆞ야스사로訟ᄒᆞ되言아甚히切至ᄒᆞ거놀上이使를遣ᄒᆞ야慰諭ᄒᆞ다

吐蕃之初入寇也에 邊將이 告急ᄒᆞ되 程元振이 皆不以聞이러니 冬十月辛未에 寇奉天武功ᄒᆞ니 京師ㅣ 震駭라 詔以雍王适로 爲關內元帥ᄒᆞ고 郭子儀로 爲副元帥ᄒᆞ야 出鎭咸陽ᄒᆞ야 以禦之ᄒᆞ다 子儀ㅣ 閑廢日久ᄒᆞ야 部曲이 離散이라 (釋義將軍領軍皆有部曲大將軍營五部部校尉一人部有曲曲有軍候一人) 至是ᄒᆞ야 召募得

註 党項三苗羌姓之別裔

二十騎而行ᄒᆞ야至咸陽ᄒᆞ니吐蕃이帥吐谷渾党項氐羌二十餘
萬衆ᄒᆞ고彌漫數十里어ᄂᆞᆯ子儀ㅣ使判官王延昌으로入奏請益兵ᄒᆞᆫ대
程元振이遏之ᄒᆞ야竟不召見ᄒᆞ다上이方治兵而吐蕃이已度便橋ㅣ라
倉猝에不知所爲ᄒᆞ야丙子에出幸陝州ᄒᆞ다戊寅에吐蕃이入長安ᄒᆞ야
剽掠府庫市里ᄒᆞ고焚盧舍ᄒᆞ니長安中이蕭然一空이러라

吐蕃이初에入ᄒᆞ야寇ᄒᆞᆷ에邊將이急ᄒᆞᆷ을告ᄒᆞ되程元振이다써聞ᄒᆞ지안이ᄒᆞ더니
冬十月辛未에奉天武功을寇ᄒᆞ니京師ㅣ震駭ᄒᆞᄂᆞᆫ지라詔ᄒᆞ야雍王适로써關內元
帥를삼고郭子儀로副元帥를삼아咸陽에出鎭ᄒᆞ야써禦ᄒᆞ다子儀ㅣ閑廢ᄒᆞᆫ자日이
久ᄒᆞ야部曲이離散ᄒᆞᆫ지라是에至ᄒᆞ야召募ᄒᆞ야二十騎를得ᄒᆞ고行ᄒᆞ야咸陽에至
ᄒᆞ니吐蕃이吐谷渾党項氐羌二十餘萬衆을帥ᄒᆞ고數十里에彌漫ᄒᆞ엿거ᄂᆞᆯ子儀ㅣ
判官王延昌으로ᄒᆞ야금入奏ᄒᆞ야益兵ᄒᆞᆷ을請ᄒᆞᆫ되程元振이遏ᄒᆞ야竟히召ᄒᆞ야見
치못ᄒᆞ다上이바야로兵을治ᄒᆞᆷ미吐蕃이임의便橋를渡ᄒᆞᆫ지라倉猝에所爲를知치
못ᄒᆞ야丙子에陝州로出幸ᄒᆞ다戊寅에吐蕃이長安에入ᄒᆞ야府庫와市里를剽掠ᄒᆞ
고盧舍를焚ᄒᆞ니長安中이蕭然히一空ᄒᆞ엿더라

御宿川在長安城南目漢武帝爲離宮別館禁御人不得往來遊觀上宿其中故曰御宿見三輔黃圖記也

郭子儀ㅣ 引三十騎ᄒᆞ고 自御宿川으로 循山而東ᄒᆞ셔 謂王延昌曰六軍將士逃潰者ㅣ 多在商州ᄒᆞ니 今速往收之ᄒᆞ리라 比至商州ᄒᆞ야 行收兵合四千人ᄒᆞ니 軍勢ㅣ 稍振이라 子儀ㅣ 乃泣諭將士以共雪國耻取長安ᄒᆞ니 皆感激受約束이라 子儀ㅣ 使張孫全緖로將二百騎出藍田ᄒᆞ야 觀虜勢ᄒᆞ니 全緖ㅣ 至韓公堆ᄒᆞ야 晝則擊鼓張旗幟ᄒᆞ고 夜則多燃火ᄒᆞ야 以疑吐蕃ᄒᆞ고 百姓이 又紿之曰郭令公이 (釋義郭子儀時爲中書令故稱令公) 自商州로 將大軍ᄒᆞ야 不知其數至矣라ᄒᆞ니 虜ㅣ 以爲然ᄒᆞ야 悉衆遁去어늘 詔以子儀로 爲西京留守ᄒᆞ다

郭子儀ㅣ 三十騎를 引ᄒᆞ고 御宿川으로부터 山을 循ᄒᆞ야 東으로 홀시 王延昌다려 謂ᄒᆞ야 曰六軍將士逃潰ᄒᆞᆫ者ㅣ 商州에 多在ᄒᆞ니 今에 速往ᄒᆞ야 收호리라 商州에 至ᄒᆞ기 比ᄒᆞ야 行ᄒᆞ야 兵合四千人을 收ᄒᆞ니 軍勢가 점々 振ᄒᆞ는지라 子儀ㅣ 이에 泣ᄒᆞ며 將士에게 共히 國耻를 雪ᄒᆞ고 長安을 取ᄒᆞᆷ으로써 諭ᄒᆞ니 다 感激ᄒᆞ야 約束을 受ᄒᆞ는지라 子儀ㅣ 張孫全緖로ᄒᆞ야금 二百騎를 將ᄒᆞ고 藍田에 出ᄒᆞ야 虜勢를 觀케ᄒᆞ니 全緖ㅣ 韓公堆에 至ᄒᆞ야 晝인則 皷를 擊ᄒᆞ며 旗幟를 張ᄒᆞ고 夜인則 燃火를 多ᄒᆞ야 써 吐

蕃을疑케ᄒᆞ고百姓이ᄯᅩ紿ᄒᆞ야曰郭令公이商州로부터大軍을將ᄒᆞ야그數를知치못ᄒᆞ게至ᄒᆞᆫ다ᄒᆞ니虜ㅣ써然히여겨衆을悉ᄒᆞ고遁ᄒᆞ야去ᄒᆞ거늘詔ᄒᆞ야子儀로써西京留守를삼다

程元振이專權自恣ᄒᆞ니人이畏之을甚於李輔國이라諸將에有大功者면元振이皆忌疾欲害之러라吐蕃이入寇에元振이不以時奏ᄒᆞ야致上狼狽出幸ᄒᆞ고上이發使徵諸道兵호되李光弼等이皆忌元振居中ᄒᆞ야莫有至者ᄒᆞ니中外ㅣ咸切齒而莫敢發言이러라太常博士柳伉이上䟽以爲호되犬戎이犯關度隴에不血刃而入京師ᄒᆞ야刼宮闈ᄒᆞ고焚陵寢호되武士ㅣ無一人至者ᄒᆞ니此는將帥ㅣ叛陛下也요自十月朔으로召諸道兵호되盡四十日토록無隻輪入關ᄒᆞ니此는四方이叛陛下也라內外ㅣ離叛ᄒᆞ니陛下ㅣ以今日之勢로爲安耶잇가危耶잇가若以爲危신되豈得高枕ᄒᆞ야不爲天下討罪人乎잇가必欲尊宗廟社稷이신되獨斬元振首ᄒᆞ야馳告天下ᄒᆞ고悉出內史ᄒᆞ야

悉出內史 註時宦官皆爲內諸

司使故曰
內史言悉
出諸官官
隷諸州
附大臣
謂時魚朝
恩領神策
軍
保護功
殺張后事

隷諸州ᄒᆞ고持神策兵ᄒᆞ야付大臣然後에削尊號ᄒᆞ고下詔引咎曰

天下ㅣ其許朕의自新改過이든宜卽募士ᄒᆞ야西赴朝廷ᄒᆞ고若以朕

惡오未悛도且緣反則帝王大器를敢訪聖賢ᄒᆞ야其聽天下ㅣ所往이라ᄒᆞ야

如此而兵不至면人不感ᄒᆞ고天下ㅣ不服이니臣은請闔門寸斬ᄒᆞ야

以謝陛下호리이다上以元振이嘗有保護功이라ᄒᆞ야十一月에削元振

官爵ᄒᆞ고放歸田里ᄒᆞ다

程元振이權을專ᄒᆞ야스ᄉᆞ로恣ᄒᆞ니人이畏홈을李輔國보담甚히ᄒᆞᄂᆞᆫ지라諸將에大功이有ᄒᆞᆫ者면元振이다忌疾ᄒᆞ야害코ᄌᆞᄒᆞ더라吐蕃이入ᄒᆞ야寇홈에元振이時로써奏치아니ᄒᆞ야上이狼狽ᄒᆞ야出幸홈에致ᄒᆞ고上이使를發ᄒᆞ야諸道兵을徵호ᄃᆡ李光弼等이다元振이中에居홈을忌ᄒᆞ야至ᄒᆞᄂᆞᆫ者ㅣ有치아니ᄒᆞ니中外ㅣ다齒를切ᄒᆞ고敢히言을發치못ᄒᆞ더라太常博士柳伉이上疏ᄒᆞ야써호ᄃᆡ犬戎이關을犯ᄒᆞ고隴을度홈에刃에血치안코京師에入ᄒᆞ야宮闈를刦ᄒᆞ고陵寢을焚호ᄃᆡ武士ㅣ一人도至ᄒᆞᄂᆞᆫ者ㅣ無ᄒᆞ니此ᄂᆞᆫ將帥가陛下를叛홈이오十月朔으로부터諸道兵을召호ᄃᆡ四十日이盡토록隻輪도關에入홈이無ᄒᆞ니此ᄂᆞᆫ四方이陛下를叛홈이라內外ㅣ離ᄒᆞ고叛ᄒᆞ니陛下ㅣ今日의勢로써安타ᄒᆞᄂᆞᆫ잇가危타ᄒᆞᄂᆞᆫ잇가만약써危타ᄒᆞ

실진딘엇지高枕을得ᄒᆞ야天下를爲ᄒᆞ야罪人을討치아니ᄒᆞᄂᆞ잇가반다시宗廟와社稷을尊코자ᄒᆞᆯ진딘獨이元振의首를斬ᄒᆞ야天下에馳告ᄒᆞ고內史를悉出ᄒᆞ야諸州에隷ᄒᆞ고神策兵을持ᄒᆞ야大臣에게付ᄒᆞᆫ然後에尊號를削ᄒᆞ고詔를ᄂᆞ려引咎ᄒᆞ야日天下ㅣ그朕이自新ᄒᆞ야過를改홈을許ᄒᆞ거ᄂᆞᆫ맛당이英士를募ᄒᆞ야西으로朝廷에赴ᄒᆞ고만약朕으로써惡이悛치못ᄒᆞ얏다ᄒᆞᆫ즉帝王의大器ᄅᆞᆯ敢히聖賢을訪ᄒᆞ야그天下ㅣ許ᄒᆞᄂᆞᆫ바를聽ᄒᆞᆫ다ᄒᆞ야如此호ᄃᆡ兵이至치아ᄂᆞ면人이感치안코天下ㅣ服치아니홈이니臣ᄂᆞᆫ請컨ᄃᆡ門을闔ᄒᆞ고寸斬ᄒᆞ야써陛下ᄭᅴ謝호리이다上이元振이일쯕保護功이有ᄒᆞ다ᄒᆞ야十一月에元振의官爵을削ᄒᆞ고田里로放歸ᄒᆞ다

十二月甲午에上이至長安ᄒᆞ니郭子儀ㅣ帥城中百官及諸軍ᄒᆞ야迎於滻水東ᄒᆞ야伏地待罪어ᄂᆞᆯ上이勞之曰用卿不早故로及於此ㅣ로다

十二月甲午에上이長安에至ᄒᆞ니郭子儀ㅣ城中百官과밋諸軍을帥ᄒᆞ고滻水東에셔迎ᄒᆞ야地에伏ᄒᆞ야待罪ᄒᆞ거ᄂᆞᆯ上이勞ᄒᆞ야曰卿을用ᄒᆞ기不早ᄒᆞᆫ故로此에及ᄒᆞ얏노라

(甲辰)二年이라僕固懷恩이反ᄒᆞ거ᄂᆞᆯ上이謂郭子儀曰懷恩父子ㅣ

註汾上謂汾州朔方軍時多在焉楡次縣名汾陽王卽子儀白玉焦暉二人也

負朕實深이라 聞朔方將士ㅣ思公을 如枯旱之望雨ᄒᆞᄂᆞ니 公은 爲朕ᄒᆞ야 鎭撫河東이면 汾上之師ㅣ必不爲變이리라ᄒᆞ고 乃以子儀로 爲關內河東副元帥河中節度使ᄒᆞ니 懷恩將士ㅣ聞之ᄒᆞ고 皆曰吾輩ㅣ從懷恩爲不義ᄒᆞ니 何面目으로 見汾陽王이리오 僕固瑒이 圍楡次에 旬餘不拔이러니 其將白玉焦暉ㅣ 率衆攻瑒殺之ᄒᆞ니 懷恩이 聞之ᄒᆞ고 與麾下三百人으로 度河北走ᄒᆞ니 子儀ㅣ 傳瑒首詣闕ᄒᆞ니 羣臣이 入賀ᄒᆞ되 上이 慘然不悅曰朕이 信不及人ᄒᆞ야 致勳臣顚越ᄒᆞ니 深用爲愧로다 又何賀焉이리오 命輦懷恩母ᄒᆞ야 至長安ᄒᆞ야 給待優厚러니 月餘에 以壽로 終이어늘 以禮로 葬之ᄒᆞ니 功臣이 皆感歎이러라 子儀ㅣ如汾州ᄒᆞ니 懷恩之衆數萬이 悉歸之ᄒᆞ야 咸鼓舞涕泣ᄒᆞ고 喜其來而悲其晩也ᄒᆞ더라

三年이라 僕固懷恩이 反ᄒᆞ거늘 上이 郭子儀더러 謂ᄒᆞ야 曰懷恩의 父子ㅣ 朕을 負ᄒᆞ기ᄅᆞᆯ 實深히 ᄒᆞᆫ지라 聞ᄒᆞ니 朔方將士가 公 ᄉᆡᆼ각ᄒᆞᆷ을 枯旱의 雨ᄅᆞᆯ 望ᄒᆞᆷ과 갓다ᄒᆞ니 公

遷延淹久也
存問有恤問也
厚加所以懷來光弼

은朕을爲ᄒᆞ야河東을鎭撫ᄒᆞ면汾上의師ㅣ반다시變을爲치안으리라ᄒᆞ고이에子
儀로써關內河東副元帥河中節度使를숨으니懷恩의將士ㅣ듯고굴오ᄃᆡ吾輩가懷
恩을좃ᄎᆞ不義를ᄒᆞ엿스니무슴面目으로汾陽王을보리오僕固瑒이榆次를圍ᄒᆞ미
旬餘를拔치못ᄒᆞ더니그將白玉焦暉ㅣ衆을率ᄒᆞ고瑒을攻ᄒᆞ야殺ᄒᆞ다懷恩이듯고
麾下三百人으로더부러河北을度ᄒᆞ야走ᄒᆞ거ᄂᆞᆯ子儀ㅣ瑒의首를傳ᄒᆞ야闕에詣ᄒᆞ
니群臣이入ᄒᆞ야賀호ᄃᆡ上이慘然히悅치아니ᄒᆞ야日朕이信이人에게及지못ᄒᆞ야
勳臣을顚越에致케ᄒᆞ얏스니深히써愧가되ᄂᆞᆫ지라ᄯᅩ엇지賀ᄒᆞ리오命ᄒᆞ야懷恩의
母를輦ᄒᆞ야長安에至ᄒᆞ야給待홈을優厚ᄒᆞ더니月餘에壽로써終ᄒᆞ거ᄂᆞᆯ禮로써葬
ᄒᆞ니功臣이다感歎ᄒᆞ더라子儀ㅣ汾州에如ᄒᆞ니懷恩의衆數萬이悉히歸ᄒᆞ야다鼓
舞ᄒᆞ며涕泣ᄒᆞ고그來홈을喜ᄒᆞ고그晩홈을悲ᄒᆞ더라

上之幸陝也에李光弼이竟遷延不至어ᄂᆞᆯ上이恐遂成嫌隙ᄒᆞ야其
母ㅣ在河中이라數遣中使存問之ᄒᆞ고吐蕃이退에除光弼東都留
守ᄒᆞ야以察其去就러니光弼이辭以就江淮糧運ᄒᆞ고引兵歸徐州어ᄂᆞᆯ
上이迎其母至長安ᄒᆞ야厚加供給ᄒᆞ고使其弟光進으로掌禁兵ᄒᆞ야遇
之加厚러라

兵火 吐蕃入長安焚廳舍

疏浚 疏通也

上이陜에幸홈에李光弼이맛杏遷延ᄒᆞ고至치안커늘上이드듸여嫌隙을成홀가恐ᄒᆞ야그母ㅣ河中이잇ᄂᆞᆫ지라中使를數히遣ᄒᆞ야存問ᄒᆞ고吐蕃이退홈에光弼을東都留守를除ᄒᆞ야써그去就를察ᄒᆞ더라光弼이江淮에就ᄒᆞ야糧運홈으로써辭ᄒᆞ고兵을引ᄒᆞ야徐州로歸ᄒᆞ거늘上이그母를迎ᄒᆞ야長安에至ᄒᆞ야厚히供給을加ᄒᆞ고그弟光進으로ᄒᆞ야금禁兵을掌케ᄒᆞ야遇ᄒᆞ기를厚加ᄒᆞ더라

自喪亂以來로汴水ㅣ湮廢ᄒᆞ니漕運者ㅣ自江漢으로抵梁洋에道險勞費라三月에以太子賓客劉晏으로爲河南江淮以東轉運使ᄒᆞ다時에兵火之後라中外艱食ᄒᆞ야關中에米斗千錢ᄒᆞ니百姓은挼穗以給官軍ᄒᆞ고(釋義挼奴禾反手搓摩也穗徐醉反禾成秀也)官廚엔無兼時之積이라晏이乃疏浚汴水ᄒᆞ고遺元載書ᄒᆞ야且陳漕運利病ᄒᆞ니中外ㅣ相應ᄒᆞ야自是로每歲에運米數十萬石ᄒᆞ야以給關中ᄒᆞ니唐世에稱漕運之能者ᄂᆞᆫ推晏爲首오後來者ᄂᆞᆫ皆遵其法度云이더라

喪亂으로부터써來홈으로汴水ㅣ湮廢ᄒᆞ니漕運ᄒᆞᄂᆞᆫ者ㅣ江漢으로부터梁洋에抵ᄒᆞ기에道가險ᄒᆞ야勞만費ᄒᆞᄂᆞᆫ지라 三月에 太子賓客劉晏으로써 河南江淮以東

轉運使를삼다時에兵火의後라中外ㅣ食이艱ᄒᆞ야關中에米가斗에千錢ᄒᆞ니百姓
은穗를挼ᄒᆞ야써禁軍을給ᄒᆞ고官厨엔時를兼ᄒᆞᆫ積이無ᄒᆞᆫ지라晏이이에汴水를疏
浚ᄒᆞ고元載에게書를遺ᄒᆞ야漕運에利病을具陳ᄒᆞ니中外ㅣ서로應ᄒᆞ야是로부터
每歲에米數十萬石을運ᄒᆞ야써關中을給ᄒᆞ니唐世에漕運의能을稱ᄒᆞ는者ㅣ晏을
推ᄒᆞ야首를ᄒᆞ고後에來ᄒᆞ는者는다그法度를遵ᄒᆞ얏다云ᄒᆞ더라

五月에懷恩이至靈武ᄒᆞ야收合散亡ᄒᆞ니其衆이復振이러라

五月에懷恩이靈武에至ᄒᆞ야散亡을收合ᄒᆞ니그衆이다시振ᄒᆞ더라

七月에稅天下靑苗錢ᄒᆞ야以給百官俸ᄒᆞ다

七月에天下에靑苗錢을稅ᄒᆞ야써百官의俸을給ᄒᆞ다

李光弼이治軍嚴重ᄒᆞ야指顧號令ᄒᆞ니諸將이莫敢仰視ᄒᆞ고謀定而後에戰ᄒᆞ고能以少로制衆ᄒᆞ니與郭子儀로齊名이라及在徐州에擁兵不朝어늘諸將田神功等이不復稟畏라光弼이愧恨ᄒᆞ야成疾薨ᄒᆞ다

李光弼이軍을治홈이嚴ᄒᆞ고重ᄒᆞ야指顧ᄒᆞ며號令ᄒᆞ니諸將이敢히仰視치못ᄒᆞ고
謀를定ᄒᆞᆫ後에戰ᄒᆞ고能히少로써衆을制ᄒᆞ니郭子儀로더부러名이齊ᄒᆞᆫ지라밋徐
州에在홈에兵을擁ᄒᆞ고朝치안커늘諸將田神功等이다시稟畏치안는지라光弼이

愧ᄒᆞ고恨ᄒᆞ야疾을成ᄒᆞ야薨ᄒᆞ다

八月에郭子儀ㅣ自河中入朝ᄒᆞ다會에涇原이奏ᄒᆞ되僕固懷恩이引回紇吐蕃十萬衆ᄒᆞ야將入寇ᄒᆞ라ᄒᆞ야늘京師ㅣ震駭ᄒᆞ다詔子儀ᄒᆞ야帥諸將ᄒᆞ고出鎭奉天ᄒᆞ고上이召問方畧ᄒᆞ되對曰懷恩이無能爲也ㅣ니이다上이曰何故오對曰懷恩은勇而少恩ᄒᆞ야士心이不附ᄒᆞ고所以能入寇者ᄂᆞᆫ因思歸之士耳라懷恩은本臣偏裨오其麾下ㅣ皆臣部曲이라必不忍以鋒으로相向이니以此로知其無能爲也니이다十月에懷恩이與回紇吐蕃으로進逼奉天ᄒᆞ니京師ㅣ戒嚴이라諸將이請戰이어ᄂᆞᆯ郭子儀ㅣ不許曰虜ㅣ深入吾地ᄂᆞᆫ利於速戰이라吾ㅣ堅壁以待之면彼ㅣ以吾로爲怯ᄒᆞ야必不戒ᄒᆞ리니乃可破也오若遽戰而不利則衆心이離矣리니敢言戰者면斬ᄒᆞ리라子儀ㅣ夜出陳於乾陵之南ᄒᆞ니未明에虜衆이大至라虜ㅣ始以子儀로爲無備라ᄒᆞ야欲

襲之가라 忽見大軍ᄒᆞ고 驚愕ᄒᆞ야 遂涉涇而遯ᄒᆞ다

八月에郭子儀ㅣ河中으로부터入朝ᄒᆞ다會에涇原이奏호ᄃᆡ僕固懷恩이回紇과吐蕃十萬衆을引ᄒᆞ고將ᄎᆞᆺ入寇ᄒᆞᆫ다ᄒᆞ야늘京師ㅣ震駭라子儀에게詔ᄒᆞ야諸將을帥ᄒᆞ고奉天에出鎭케ᄒᆞ고上이召ᄒᆞ야方略을問ᄒᆞᆫᄃᆡ對ᄒᆞ야曰懷恩이能히ᄒᆞᆯ것이無ᄒᆞ니이다上이曰何故이뇨對ᄒᆞ야曰懷恩은勇ᄒᆞ고恩이少ᄒᆞ야士心이附치안코써能히入寇ᄒᆞ는바者는思歸ᄒᆞ는士를因ᄒᆞᆷ이라懷恩은本이臣의偏裨오그麾下는다臣의部曲이라반ᄃᆞ시ᄎᆞᆷ아鋒刃으로相向치아니ᄒᆞ리니此로써그能히ᄒᆞ지못ᄒᆞᆯ쥴을知ᄒᆞᆷ는니다十月에懷恩이回紇과吐蕃으로더부러奉天을進逼ᄒᆞ니京師ㅣ戒嚴이라諸將이戰ᄒᆞ기를請ᄒᆞ거ᄂᆞᆯ郭子儀ㅣ不許ᄒᆞ야曰虜ㅣ吾地에深入ᄒᆞᆷ은速戰ᄒᆞᆷ을利ᄒᆞᆷ이라吾ㅣ壁을堅ᄒᆞ고써待ᄒᆞ면彼ㅣ吾로써怯ᄒᆞᆫ다ᄒᆞ고반다시戒치안이ᄒᆞ리니이에可히破ᄒᆞᆯ거시요만약戰을遽히ᄒᆞ야利치못ᄒᆞᆫ則衆心이離ᄒᆞ리니敢히戰을言ᄒᆞ는者면斬호리라子儀ㅣ夜에乾陵南에出陣ᄒᆞ니未明에虜衆이大至라虜ㅣ비로소子儀로써無備타ᄒᆞ고襲고ᄌᆞᄒᆞ다가忽연이大軍을見ᄒᆞ고驚愕ᄒᆞ야드듸여涇을涉ᄒᆞ야遯ᄒᆞ다

(乙巳)永泰元年이라 以李抱眞으로 爲澤潞節度副使ᄒᆞ다 釋義澤潞即昭義藩鎭也有州五曰邠汾晋澤潞 抱眞이 以山東에 有變ᄒᆞ고 上黨이 爲兵衝而荒亂之餘에 士

瘠民困ᄒᆞ니 無以贍軍이라ᄒᆞ야 乃籍民三丁ᄒᆞ야 選一壯者ᄒᆞ야 免其租徭ᄒᆞ고 給弓矢ᄒᆞ야 使農隙習射ᄒᆞ고 歲暮都試ᄒᆞ야 (釋義 都試謂總閱試習武備也) 行其賞罰ᄒᆞ야 比三年에 得精兵二萬ᄒᆞ되 既不費廩給ᄒᆞ고 府庫充實ᄒᆞ야 遂雄視山東ᄒᆞ니 由是로 天下ㅣ稱澤潞步兵에 爲諸道最ㅣ러라

永泰元年이라 李抱眞으로써 澤潞節度副使를 삼다 抱眞이 山東에 變이 有ᄒᆞ고 上黨이 兵衝이 되야 荒亂의 餘에 土瘠ᄒᆞ고 民困ᄒᆞ니 써 軍을 贍치 못ᄒᆞᆫ다ᄒᆞ야 이에 民三丁을 籍ᄒᆞ야 一壯者을 選ᄒᆞ야 그 租徭를 免ᄒᆞ고 弓矢를 給ᄒᆞ야 農隙으로ᄒᆞ야곰 習射케ᄒᆞ고 歲暮에 都試ᄒᆞ야 그 賞罰을 行ᄒᆞ야 比三年에 精兵二萬을 得ᄒᆞᄃᆡ 임의 廩給을 費ᄒᆞ지 안코 府庫가 充實ᄒᆞ야 드ᄃᆡ여 山東을 雄視ᄒᆞ니 是로 말미마 天下ㅣ 澤潞步兵이 諸道에 最라 稱ᄒᆞ더라

吐蕃이 遣使請和어ᄂᆞᆯ 詔元載杜鴻漸ᄒᆞ야 與盟於興唐寺ᄒᆞ고 上이 問郭子儀ᄒᆞᄃᆡ 吐蕃이 請盟ᄒᆞ니 何如오 對曰 吐蕃이 利我不虞ᄒᆞ니 (釋義 利幸虞度也不虞猶言不意也我不虞度則彼之利) 若不虞而來면 國不可守矣니이다 乃相繼遣河中兵ᄒᆞ야 成奉天ᄒᆞ고 又遣兵巡涇原ᄒᆞ야 以覘之ᄒᆞ다

自署 署置之也

奴剌 奴音辣即渾奴剌也吐谷渾自稱渾王故

吐蕃이使를遣ᄒᆞ야和를請ᄒᆞ거ᄂᆞᆯ元載와杜鴻漸을詔ᄒᆞ야더부러興唐寺에盟케ᄒᆞ고上이郭子儀더러問호ᄃᆡ吐蕃이盟홈을請ᄒᆞ니何如ᄒᆞᆫ고對ᄒᆞ야曰吐蕃이我의不虞를利ᄒᆞ니만약不虞로來ᄒᆞ면國을可히守치못ᄒᆞ리이다이에相繼ᄒᆞ야河中兵을遣ᄒᆞ야奉天에戍ᄒᆞ고ᄯᅩ兵을遣ᄒᆞ야涇原에巡ᄒᆞ야써覘ᄒᆞ다

時에成德節度使李寶臣과魏博節度使田承嗣와相衛節度使薛嵩과盧龍節度使李懷仙이收安史餘黨ᄒᆞ야各擁勁卒數萬ᄒᆞ야治兵完城ᄒᆞ고自署文武將吏ᄒᆞ야不供貢賦호ᄃᆡ朝廷이專事姑息ᄒᆞ야不能復制ᄒᆞ니雖名藩臣이나羈縻而已러라

時에成德節度使李寶臣과魏博節度使田承嗣와相衛節度使薛嵩과盧龍節度使李懷仙이安史의餘黨을收ᄒᆞ야各기勁卒數萬을擁ᄒᆞ야兵을治ᄒᆞ고城을完ᄒᆞ고스사로文武將吏를署ᄒᆞ야貢賦를不供호ᄃᆡ朝廷이姑息을專事ᄒᆞ야能히다시制치아니ᄒᆞ니비록藩臣이라名ᄒᆞ나羈縻ᄒᆞᆯ다름이러라

九月에僕固懷恩이誘回紇吐蕃吐谷渾党項奴剌數十萬衆ᄒᆞ야俱入寇ᄒᆞ고懷恩이又以朔方兵으로繼之어ᄂᆞᆯ郭子儀ㅣ使諸道節

以渾奴剌名之

范志誠懷恩之將

度使로各出兵ᄒᆞ야以扼其衝要ᄒᆞ니上이從之ᄒᆞ다懷恩이中途에遇暴疾而歸ᄒᆞ다가死於鳴沙ᄒᆞ니范志誠이領其衆ᄒᆞ다

九月에僕固懷恩이回紇吐蕃吐谷渾党項奴剌數十萬衆을誘ᄒᆞ야俱ᄒᆞ야入寇ᄒᆞ고懷恩이또朔方兵으로써繼ᄒᆞ거ᄂᆞᆯ郭子儀ㅣ諸道節度使로ᄒᆞ야금各기兵을出ᄒᆞ야써그衝要을扼ᄒᆞ니上이從ᄒᆞ다懷恩이中途에서暴疾을遇ᄒᆞ야歸ᄒᆞ다가鳴沙에셔死ᄒᆞ니范志誠이그衆을領ᄒᆞ다

懷恩이拒命三年에再引胡寇ᄒᆞ야爲國大患ᄒᆞ되上이猶爲之ᄒᆞ야隱前後制敕ᄒᆞ고未嘗言其反이러니及聞其死ᄒᆞ고憫然曰懷恩이不反이오爲左右所誤耳라ᄒᆞ더라

懷恩이拒命ᄒᆞᆫ지三年에胡寇ᄅᆞᆯ再引ᄒᆞ야國에大患을ᄒᆞ되上이오히려爲ᄒᆞ야前後制敕을隱ᄒᆞ고일즉그反ᄒᆞᆷ을言치안터니밋그死ᄒᆞᆷ을聞ᄒᆞ고憫然ᄒᆞ야曰懷恩이反치아니ᄒᆞ고左右의誤ᄒᆞᆫ비라ᄒᆞ더라

丙寅에回紇吐蕃이合兵圍涇陽이어ᄂᆞᆯ子儀ㅣ命諸將ᄒᆞ야嚴設守備而不戰ᄒᆞ다是時에回紇吐蕃이聞僕固懷恩이死ᄒᆞ고爭長不相

牙將 牙見前註

挺身 挺直也特也

大功於唐 謂擧兵助唐平安史也

反君棄母 目謂懷恩阻兵汾

睦ᄒᆞ야分營而居라子儀ㅣ知之ᄒᆞ고回紇이在城西어ᄂᆞᆯ子儀ㅣ使牙將
李光瓚等으로往說之ᄒᆞ야欲與之共擊吐蕃이러니回紇이不信曰郭
公이固在此乎아汝ㅣ給我耳로다若果在此면可得見乎아光瓚이
還報ᄒᆞᆫ대子儀ㅣ曰今에衆寡不敵ᄒᆞ니難以力勝이라昔에與回紇로契
約甚厚ᄒᆞ니不若挺身往說之라可不戰而下也라ᄒᆞ고遂與數騎로
開門而出ᄒᆞ야使人傳呼曰令公이來라ᄒᆞ니回紇이大驚이러라其太師
藥葛羅는可汗之弟也라執弓注矢ᄒᆞ고立於陳前이어ᄂᆞᆯ子儀ㅣ免
冑釋甲ᄒᆞ고投槍而進ᄒᆞ니回紇諸酋長이相顧曰是也라ᄒᆞ고皆下馬
羅拜어ᄂᆞᆯ子儀ㅣ亦下馬ᄒᆞ야前執藥葛羅手ᄒᆞ고讓之曰汝回紇이有
大功於唐ᄒᆞ고唐之報汝도亦不薄ᄒᆞ니奈何負約ᄒᆞ고深入吾地ᄒᆞ야浸
逼畿縣ᄒᆞ고棄前功結怨仇ᄒᆞ야背恩德而助叛臣ᄒᆞ니何其愚也오
且懷恩이叛君棄母ᄒᆞ니於汝國에何有리오今吾ㅣ挺身而來ᄒᆞ니聽

州既而叛歸靈武棄母於汾州也

舅甥 貞觀二十年以文成公主嫁吐蕃

靈臺 縣名

汝ㅣ執我而殺之라我之將士ㅣ必致死ᄒᆞ야與汝戰矣리라藥葛羅ㅣ曰懷恩이欺我言호ᄃᆡ天可汗이已晏駕ᄒᆞ고令公이亦捐館ᄒᆞ니中國이無主라ᄒᆞ야늘我ㅣ是以로敢與之來러니今知天可汗이在上都ᄒᆞ고令公이復總兵於此ᄒᆞ고懷恩이又爲天所殺ᄒᆞ니我曹ㅣ豈肯與令公으로戰乎아 子儀ㅣ乃說之曰吐蕃이無道ᄒᆞ야乘我國有亂ᄒᆞ야不顧舅甥之親ᄒᆞ고呑噬我邊鄙ᄒᆞ고焚蕩我畿甸ᄒᆞ니其所掠之財ㅣ不可勝載라此는天以賜汝시니不可失也라藥葛羅ㅣ曰吾ㅣ爲懷恩所誤ᄒᆞ야負公誠深이니今請爲公ᄒᆞ야盡力擊吐蕃ᄒᆞ야以謝過호리이다回紇觀者ㅣ左右ㅣ爲兩翼稍前ᄒᆞ고子儀麾下ㅣ亦進이어늘子儀ㅣ揮手却之ᄒᆞ고因取酒ᄒᆞ야與其酋長으로共飮ᄒᆞ고子儀ㅣ遺之絹三千匹ᄒᆞ고竟與定約而還ᄒᆞ니吐蕃이聞之ᄒᆞ고夜引兵遁去어늘藥葛羅ㅣ帥衆追吐蕃ᄒᆞ니子儀ㅣ使白元光으로帥精騎ᄒᆞ야與之俱戰於靈

臺西原ᄒᆞ야大破之ᄒᆞ고殺吐蕃萬計ᄒᆞ다

丙寅에回紇과吐蕃이合兵ᄒᆞ야涇陽을圍ᄒᆞ거늘子儀ㅣ諸將을命ᄒᆞ야守備를嚴設ᄒᆞ고戰치안타是時에回紇과吐蕃이僕固懷恩이死ᄒᆞᆷ을聞ᄒᆞ고長를爭ᄒᆞ야相睦지못ᄒᆞ야營을分ᄒᆞ야居ᄒᆞᆫ지라子儀ㅣ知ᄒᆞ고回紇이城西에在ᄒᆞ거늘子儀ㅣ牙將李光瓚等으로ᄒᆞ야금往說ᄒᆞ야더부러吐蕃을共擊코ᄌᆞᄒᆞ엿더니回紇이不信ᄒᆞ야曰郭公이진실노此에在ᄒᆞ냐汝ㅣ我를紿ᄒᆞᆷ이로다만약果연此에在ᄒᆞ면可히得ᄒᆞ야見ᄒᆞ랴光瓚이還報ᄒᆞᆫ대子儀ㅣ曰今에衆寡ㅣ敵지못ᄒᆞ니力으로써勝키難ᄒᆞᆫ지라昔에回紇로더부러契約이甚厚ᄒᆞ니挺身ᄒᆞ야往說ᄒᆞ니만若지못ᄒᆞᆫ지라可히戰치안코下ᄒᆞ리라ᄒᆞ고드듸여數騎로더부러開門ᄒᆞ고出ᄒᆞ야人으로ᄒᆞ야금傳呼ᄒᆞ야曰令公이來ᄒᆞᆫ다ᄒᆞ니回紇이大驚ᄒᆞ더라그太師藥葛羅는可汗의弟니弓을執ᄒᆞ야矢를注ᄒᆞ고陳前에立ᄒᆞ거늘子儀ㅣ冑를免ᄒᆞ고甲을釋ᄒᆞ고槍을投ᄒᆞ고進ᄒᆞ니回紇의諸酋長이相顧ᄒᆞ야曰是라ᄒᆞ고다下馬ᄒᆞ야羅拜ᄒᆞ거늘子儀ㅣ또ᄒᆞᆫ下馬ᄒᆞ야前에셔藥葛羅의手를執ᄒᆞ고讓ᄒᆞ야曰汝回紇이大功이唐에有ᄒᆞ고唐이報汝ᄒᆞᆷ도또ᄒᆞᆫ不薄ᄒᆞ니엇지ᄒᆞ야負約ᄒᆞ고吾地에深入ᄒᆞ야畿縣을浸逼ᄒᆞᄂᆞᆫ고前功을棄ᄒᆞ고怨仇를結ᄒᆞ야恩德을背ᄒᆞ고叛臣을助ᄒᆞ니엇지그愚ᄒᆞᆫ뇨또懷恩이叛君ᄒᆞ며棄母ᄒᆞ니汝國에무어시有ᄒᆞ리오今에吾ㅣ挺身ᄒᆞ야來ᄒᆞ니汝ㅣ我를執ᄒᆞ야殺ᄒᆞᆷ을聽ᄒᆞ미라我의將士ㅣ반다시致死ᄒᆞ야汝로더부러戰ᄒᆞ리라藥葛羅ㅣ曰懷恩이我

謂北軍齒並列如齒也言猶在北軍之下北軍羽

를欺ᄒᆞ야言ᄒᆞ되天可汗이임의晏駕ᄒᆞ고今公이또ᄒᆞᆫ捐館ᄒᆞ니中國이主가無ᄒᆞ다ᄒᆞ야늘我ㅣ是로써敢히與ᄒᆞ야來ᄒᆞ얏더니今에天可汗이上都에在ᄒᆞ고令公이다시此에總兵ᄒᆞ고懷恩이또天의所殺ᄒᆞᆫ미됨을知ᄒᆞ얏스니我曹ㅣ엇지肯ᄒᆞ야令公으로더부러戰ᄒᆞ리오子儀ㅣ이예說ᄒᆞ야曰吐蕃이無道ᄒᆞ야我國의有亂을乘ᄒᆞ야舅甥의親을不顧ᄒᆞ고我의邊鄙를呑噬ᄒᆞ고我의畿甸을焚蕩ᄒᆞ니所掠ᄒᆞᆫ財ㅣ可히勝載치못ᄒᆞᆯ지라此는天이써汝를賜ᄒᆞ심이니可히失치말지니라藥葛羅ㅣ曰吾ㅣ懷恩의所誤ᄒᆞᆫ미되야負公ᄒᆞᆷ이진실노深ᄒᆞ엿스ᄂᆞ今에請컨ᄃᆡ公을爲ᄒᆞ야盡力ᄒᆞ야吐蕃을擊ᄒᆞ야써謝過ᄒᆞ리이다回紇에觀者ㅣ左右ㅣ兩翼이되야稍前ᄒᆞ고子儀의麾下ㅣ또ᄒᆞᆫ進ᄒᆞ거늘子儀ㅣ揮手ᄒᆞ야却ᄒᆞ고因ᄒᆞ야酒를取ᄒᆞ야그酋長으로더부러共飮ᄒᆞ고子儀ㅣ絹三千匹을遺ᄒᆞ고마참더부러定約ᄒᆞ고還ᄒᆞ니吐蕃이聞ᄒᆞ고夜에兵을引ᄒᆞ고遁去ᄒᆞ거늘藥葛羅ㅣ衆을帥ᄒᆞ고吐蕃을追ᄒᆞ니子儀ㅣ白元光으로ᄒᆞ야금精騎를帥ᄒᆞ야與ᄒᆞ야靈臺西原에셔俱戰ᄒᆞ야大破ᄒᆞ고吐蕃殺ᄒᆞᆷ을萬으로計ᄒᆞ다

初에肅宗이以內侍魚朝恩으로領神策軍使ᄒᆞ야悉以其軍으로歸禁中이나然이ᄂᆞ尙未得與北軍齒러니至是ᄒᆞ야魚朝恩이以神策軍으로從上屯苑中ᄒᆞ니其勢ㅣ浸盛이라分爲左右廂ᄒᆞ야居北軍之右矣러라

林及方騎也

其後宦官典兵卒以亡唐

初에肅宗이內侍魚朝恩으로써神策軍使를領ᄒᆞ야다그軍으로써禁中에歸ᄒᆞ엿ᄉᆞᄂᆞ然이나오히려北軍으로더부러齒를得지못ᄒᆞ더니至是ᄒᆞ야魚朝恩이神策軍으로써上을從ᄒᆞ야苑中에屯ᄒᆞ니그勢가浸盛ᄒᆞᆫ지라分ᄒᆞ야左右相을숨아北軍의右에居ᄒᆞ엿더라

將校 註將及校尉也校本軍壘之稱

觀軍 註時以宦官爲之

(丙午)大曆元年이라郭子儀ㅣ以河中軍食이常乏으로乃自耕百畝ᄒᆞ고將校ㅣ以是爲差ᄒᆞ니於是에士卒이皆不勸而耕이라是歲에河中에野無曠土ᄒᆞ고軍有餘糧이러라

大曆元年이라郭子儀ㅣ河中에軍食이常乏ᄒᆞᆷ으로써이에百畝를自耕ᄒᆞ고將校ㅣ是로써差를ᄒᆞ니是에士卒이다勸치아니호ᄃᆡ耕ᄒᆞᄂᆞᆫ지라是歲에河中에野가曠土가無ᄒᆞ고軍에餘糧이有ᄒᆞ더라

(庚戌)五年이라正月에 觀軍容宣慰處置使魚朝恩이 專典禁兵ᄒᆞ야寵任이無比ᄒᆞ니勢傾朝野라上이令元載로爲方畧ᄒᆞ야擒而縊殺之ᄒᆞ다

團練使 團聚也 練々通精熟曰練

五年이라正月에觀軍容宣慰處置使魚朝恩이禁兵을專典ᄒᆞ야寵任이無比ᄒᆞ니勢
가朝野에傾ᄒᆞᄂᆞᆫ지라上이元載로ᄒᆞ야금方略을ᄒᆞ야擒ᄒᆞ야縊殺ᄒᆞ다

元載ㅣ旣誅魚朝恩으로上이寵任益厚ᄒᆞ니載ㅣ遂志氣ㅣ驕溢ᄒᆞ야每
衆中大言ᄒᆞ야自謂有文武才略이古今莫及이라ᄒᆞ고弄權舞智ᄒᆞ니政
以賄成ᄒᆞ고僭侈ㅣ無度러라

元載ㅣ임의魚朝恩을誅ᄒᆞᆷ으로上이寵任ᄒᆞ기를益厚히ᄒᆞ니載ㅣ드듸여志氣가驕
溢ᄒᆞ야ᄆᆡ양衆中에셔큰말을ᄒᆞ야ᄉᆞᄉᆞ로謂호ᄃᆡ文武才略이有ᄒᆞᆷ이古今에及ᄒᆞ리
가업다ᄒᆞ고弄權ᄒᆞ며舞智ᄒᆞ니政이賄로써成ᄒᆞ고僭侈ᄒᆞᆷ이度가無ᄒᆞ더라

(癸丑)八年이라九月에晉州男子郇模ㅣ以麻辨髮ᄒᆞ고 (釋義 郇模姓名也 郇音恂 辨媥典反)
持竹筐葦席ᄒᆞ고哭於東市어ᄂᆞᆯ人이問其故ᄒᆞᆫᄃᆡ對曰願獻三十字ᄒᆞ야
一字로爲一事호ᄃᆡ若言이無所取어든請以席으로裹尸貯筐中ᄒᆞ야棄
於野ᄒᆞ라ᄒᆞ야ᄂᆞᆯ京兆ㅣ以聞ᄒᆞᆫᄃᆡ上이召見ᄒᆞ고賜新衣ᄒᆞ야館於客省ᄒᆞ니其
言團者ᄂᆞᆫ請罷諸州團練使也오監者ᄂᆞᆫ請罷諸州監軍使

監軍時以宦官爲之

賜自盡盡終也言自終其命也

也러라

八年이라九月에晉州男子郇模ㅣ麻로써辮髮ᄒᆞ고竹筐과葦席을持ᄒᆞ고東市에서哭ᄒᆞ거ᄂᆞᆯ人이그故를問ᄒᆞᆫᄃᆡ對ᄒᆞ야曰願컨ᄃᆡ三十字를獻ᄒᆞ야一字로一事를ᄒᆞᄃᆡ만약言이所取홈이無ᄒᆞ거든請컨ᄃᆡ席으로써尸를裹ᄒᆞ야筐中에貯ᄒᆞ야野에棄ᄒᆞ라ᄒᆞ야ᄂᆞᆯ京兆ㅣ써聞ᄒᆞᆫᄃᆡ上이召見ᄒᆞ고新衣를賜ᄒᆞ야客省에館ᄒᆞ니그言에團이라ᄒᆞᄂᆞᆫ者ᄂᆞᆫ諸州團練使를請罷홈이요監이라ᄒᆞᄂᆞᆫ者ᄂᆞᆫ諸州監軍使를請罷홈이러라

(丁巳)十二年이라三月에中書侍郎同平章事元載ㅣ專橫이어ᄂᆞᆯ賜自盡ᄒᆞ고有司ㅣ籍載家財ᄒᆞ니胡椒ㅣ至八百石이오他物도稱是러라

十二年이라三月에中書侍郎同平章事元載ㅣ專橫ᄒᆞ거ᄂᆞᆯ賜ᄒᆞ야自盡케ᄒᆞ고有司ㅣ載의家財를籍ᄒᆞ니胡椒ㅣ八百石에至ᄒᆞ고他物도稱是러라

四月에以楊綰으로爲中書侍郎ᄒᆞ고常袞으로爲門下侍郎ᄒᆞ야並同平章事ᄒᆞ다綰의性이淸簡儉素ᄒᆞ야制下之日에朝野ㅣ相賀러라郭子儀ㅣ方宴客에聞之ᄒᆞ고減坐中聲樂五分之四ᄒᆞ고京兆尹黎幹이騶

從甚盛이러니 即日省之ᄒᆞ야 止存十騎ᄒᆞ고 中丞崔寬이 第舍宏侈러니 亟毁之ᄒᆞ다 上이 方依楊綰ᄒᆞ야 使釐革弊政이러니 會에 綰이 有疾ᄒᆞ야 七月에 薨ᄒᆞ니 上이 悼痛之甚ᄒᆞ야 謂群臣曰天이 不欲朕으로 致太平가 何奪朕楊綰之速고

四月에楊綰으로써中書侍郞을合고常袞으로門下侍郞을合아平章事를並同캐ᄒᆞ다綰의性이淸簡儉素ᄒᆞ야制下의日에朝野ㅣ相賀러라郭子儀ㅣ바야흐로客을宴홈에聞ᄒᆞ고坐中聲樂을五分之四를減ᄒᆞ고京兆尹黎幹이騶從야甚盛ᄒᆞ더니即日에省ᄒᆞ야十騎만止存ᄒᆞ고中丞崔寬이第舍ㅣ宏侈ᄒᆞ더니亟히毁ᄒᆞ다上이바야흐로楊綰에게依ᄒᆞ야ᄒᆞ야금弊政을釐革ᄒᆞ려ᄒᆞ더니會에綰이疾이有ᄒᆞ야七月에薨ᄒᆞ니上이悼痛홈을甚히ᄒᆞ야群臣다려謂ᄒᆞ야曰天이朕에게太平을致코ᄌᆞ아니ᄒᆞ시ᄂᆞᆫ가엇지朕의楊綰을奪ᄒᆞ시기를速히ᄒᆞᄂᆞᆫ고

平盧節度使李正己ㅣ 擁兵十萬ᄒᆞ고 雄據東方ᄒᆞ니 鄰藩이 皆畏之러라 是時에 田承嗣李寶臣梁崇義ㅣ 相與根據蟠結ᄒᆞ야 雖奉事朝廷而不用其法令ᄒᆞ고 官爵甲兵 租賦刑殺을 皆自專之

蠻貉 貉與貊通 南蠻北狄也

ᄒᆞ되上이寬仁ᄒᆞ야一聽其所爲ᄒᆞ니雖在中國ᄒᆞ야名藩臣이나實如蠻貉異域이러라

平盧節度使李正己ㅣ兵十萬을擁ᄒᆞ고東方에雄據ᄒᆞ니鄰藩이다畏ᄒᆞ더라是時에田承嗣와李寶臣과梁崇義ㅣ서로더부러根據蟠結ᄒᆞ야비록朝廷을奉事ᄒᆞ다ᄒᆞᄂᆞ그法令을用치아니ᄒᆞ고官爵과甲兵과租賦와刑殺을다ᄉᆞᄉᆞ로專호되上이寬仁ᄒᆞ야그所爲를一聽ᄒᆞ니비록中國에在ᄒᆞ야藩臣이라名ᄒᆞᄂᆞ實은蠻貉異域과如ᄒᆞ더라

(戊午)十三年이라上이召江西判官李泌ᄒᆞ야入見ᄒᆞ니常袞이言於上曰陛下ㅣ久欲用李泌이시나昔에漢宣帝ㅣ欲用人爲公卿에必先試理人ᄒᆞ니請且以爲刺史ᄒᆞ야使周知人間利病ᄒᆞ야俟報政而用之니이다

十三年이라上이江西判官李泌을召ᄒᆞ야入見ᄒᆞ니常袞이上게言ᄒᆞ야曰陛下ㅣ오ᄅᆡ李泌을用코ᄌᆞᄒᆞ시나昔에漢宣帝ㅣ人을用ᄒᆞ야公卿을삼고ᄌᆞ홈에반다시먼저理人홈을試ᄒᆞ얏ᄉᆞ니請컨ᄃᆡ또써刺史를삼아하여곰人間의利病을周知케ᄒᆞ야

諒陰 註諒古作梁陰古作闇謂廬也即倚廬之廬也言居喪於諒陰也

至德 肅宗年號

前後相矯 矯々枉過直之矯也

報政을俟ᄒᆞ야用ᄒᆞᆯ지니다

(己未)十四年이라五月에上이崩ᄒᆞ고德宗이即位ᄒᆞ야在諒陰中ᄒᆞ야動遵禮法이러라

十四年이라五月에上이崩ᄒᆞ고德宗이即位ᄒᆞ야諒陰中에在ᄒᆞ야動ᄒᆞ야禮法의遵ᄒᆞ더라

以崔祐甫로爲門下侍郞ᄒᆞ야同平章事ᄒᆞ다

崔祐甫를ᄲᅧ門下侍郞을숨어平章事를同히ᄒᆞ다

初에至德以後로天下ㅣ用兵에諸將이競論功賞故로官爵이不能無濫이러니及常袞이爲相에思革其弊ᄒᆞ야杜絕僥倖ᄒᆞ야四方이奏請을一切不與而無所甄別ᄒᆞ야賢愚ㅣ同滯ᄒᆞ니崔祐甫ㅣ代之ᄒᆞ야欲收時望ᄒᆞ야推薦引拔을常無虛日ᄒᆞ니作相未二百日에除官八百人ᄒᆞ되前後相矯에終不得其適이어ᄂᆞᆯ上이嘗謂祐甫曰人이或謗卿所用이多涉親故ᄒᆞ니何也오對曰臣이爲陛下ᄒᆞ야選擇百官에不敢不詳愼ᄒᆞ노니苟平生之未識이면何以諳其才行而

用之리잇고 上이 以爲然ᄒᆞ더라

初에 至德써後로天下ㅣ兵을用홈에諸將이功賞을競論ᄒᆞᄂᆞᆫ故로官爵이能히濫홈이업지안터니및常袞이相이되ᄆᆡ그弊를革ᄒᆞ기思ᄒᆞ야僥倖을杜絶ᄒᆞ야四方이奏請홈을一切히與치안코甄別홈이업서賢愚ㅣ同滯ᄒᆞ더니崔祐甫ㅣ代ᄒᆞ야時望을收코ᄌᆞᄒᆞ야推薦引拔을항상虛日이無ᄒᆞ니作相ᄒᆞᆫ지二百日이못되야除官이八百人이로ᄃᆡ前後相矯에마ᄎᆞᆷ그適홈을得지못ᄒᆞ거ᄂᆞᆯ上이일즉祐甫더러謂ᄒᆞ야曰人이或卿의用ᄒᆞᄂᆞᆫ바ㅣ親故을多涉ᄒᆞᆫ다謗ᄒᆞ니엇지홈이뇨對曰臣이陛下를爲ᄒᆞ야百官을選擇ᄒᆞᄆᆡ敢히詳愼치아니치못ᄒᆞ노니진실노平生에識지못홈이면엇지써그才行을識ᄒᆞ야用ᄒᆞ리잇고上이써然히여기더라

溫公曰臣聞用人者無親疎新故之殊惟賢不肖之爲察其人未必賢也以親故而取之固非公也苟賢矣以親故而捨之亦非公也夫天下之賢非固一人所能盡也若必待素識熟其才行而用之所遺亦多矣古之爲相者則不然擧之以衆取之以公衆曰賢矣已雖不知其詳姑用之待其無功然後退之有功則進之所擧得其人則賞之非其人則罰之進退賞罰皆衆人所共然也已不置毫髮之私於其間苟推是心以行之又何遺賢曠官之足病哉

澤州刺史李鶚이 上慶雲圖어늘 詔曰朕이 以時和年豊으로 爲嘉

慶雲圖
天官書若

馴象目擾習也安南出象處曰象山歲一捕之縛欄道傍中爲大穽以雌衆前行爲媒遺甘蔗於地傳藥蔗上雄象來食蔗漸引入欄閉其中就穽中敎習馴擾之始甚咆孝穽深不可出收者以

烟若雲非雲郁郁紛紛蕭索輪囷是爲卿雲卿雲見喜氣也卿音慶

祥ᄒᆞ고 以進賢顯忠으로오 爲良瑞ᄒᆞ나 如慶雲靈芝之珍禽奇獸恠草異木이 何益於人이리오 布告天下ᄒᆞ야 自今有此라도 無得上獻케ᄒᆞ라

澤州刺史李鶚이慶雲圖ᄅᆞᆯ上ᄒᆞ거ᄂᆞᆯ詔ᄒᆞ야曰朕이時和ᄒᆞ고年豊ᄒᆞᆷ으로써嘉祥을삼고進賢ᄒᆞ고顯忠ᄒᆞᆷ으로써良瑞ᄅᆞᆯ삼나니慶雲과靈芝와珍禽과奇獸와怪草와異木과如ᄒᆞᆫ거시何가人에게益ᄒᆞ리오天下에布告ᄒᆞ야今으로부터此가잇드라도上獻ᄒᆞᆷ을得치못게ᄒᆞ라

內莊宅使ㅣ 上言ᄒᆞ되 諸州에 有官租萬四千餘斛이어ᄂᆞᆯ 上이 令分給所在ᄒᆞ야 充軍儲ᄒᆞ다 先是에 諸國이 累獻馴象ᄒᆞ니 凡四十有二라 上이 曰 象은 費豢養而違物性ᄒᆞ니 將安用之리오 命縱於荊山之陽ᄒᆞ고 及豹貀鬪鷄獵犬之類ᄅᆞᆯ 悉縱之ᄒᆞ고 (釋義豹貀並獸名豹花如錢黑而小於虎文貀女滑反爾雅註似狗豹文或云似虎而黑) 又出宮女數百人ᄒᆞ니 於是에 中外ㅣ 皆悅이라 淄靑軍士ㅣ 至投兵相顧曰 明主ㅣ 出矣시니 吾屬이 猶反乎아

內莊宅使ㅣ言을上ᄒᆞ되諸州에官租一萬四千餘斛이有ᄒᆞ다ᄒᆞ야ᄂᆞᆯ上이ᄒᆞ야금在ᄒᆞᆫ바에分給ᄒᆞ야軍儲에充ᄒᆞ다先是에諸國이馴象을累獻ᄒᆞ니무릇四十이오ᄯᅩ二

言語喩々久則漸解人意也 豢養 註穀食曰豢彙音宦以穀食獸于圈中牛馬曰芻犬豕曰豢 豹貀 貀女滑切獸無前足似狗豹文也 掊克 詩曰會是掊克謂聚歛也 大曆 代宗年號 征賦 彙征取也孟子有布縷之征粟米之征力役之征也 集事 註集成也

라上이曰象은豢養을費ᄒᆞ고物性을違ᄒᆞ니將ᄎᆞ何에用ᄒᆞ리오命ᄒᆞ야荊山陽에縱ᄒᆞ고밋豹貀과鬪鷄와獵犬의類를다縱ᄒᆞ고또宮女數百人을出ᄒᆞ니是에中外ㅣ다悅ᄒᆞᄂᆞᆫ지라淄青의軍士ㅣ兵을投홈에至ᄒᆞ야相顧ᄒᆞ야曰明主ㅣ出ᄒᆞ셧스니吾屬이오히려反ᄒᆞ랴

先是에 劉晏韓滉이 分掌天下財賦ᄒᆞᆯ사晏은 掌河南山南江淮嶺南ᄒᆞ고滉은 掌關內河東劒南이러니 至是ᄒᆞ야晏이 始兼之라 上이 素聞滉이 掊克過甚故로 罷其利權ᄒᆞ야 出爲晉州刺史ᄒᆞ다 至德初에 第五琦ㅣ 權塩으로以佐軍用이러니 及劉晏이 代之에 法益精密ᄒᆞ야 初歲에入錢六十萬緡이러니 末年所入이 逾十倍而人不厭苦ᄒᆞ고 大曆末에 計一歲征賦所入ᄒᆞ니 總一千二百萬緡而塩利ㅣ居其太半이어늘 以塩으로 爲漕傭ᄒᆞ니(釋義水運曰漕雇直曰傭) 自江淮로 至渭橋히 率萬解이오 傭이 七千緡이라 自江淮以北으로 列置巡院ᄒᆞ고 擇能吏主之ᄒᆞ니 不煩州縣而集事러라

先是에劉晏과韓滉이天下財賦를分掌ᄒᆞᆯ시晏은河南과山南과江淮와嶺南을掌ᄒᆞ
고滉은關內와河東과劍南을掌ᄒᆞ더니是에至ᄒᆞ야晏이비로소兼ᄒᆞᆫ지라上이본ᄃᆡ
滉은揞克이過甚ᄒᆞᆷ을聞ᄒᆞᆫ故로그利權을罷ᄒᆞ야出ᄒᆞ야晋州刺史를삼다至德初에
第五琦ㅣ榷鹽으로써軍用을佐ᄒᆞ더니맛劉晏이代ᄒᆞ미法이더욱精密ᄒᆞ야初歲에
錢六十萬緡을入ᄒᆞ더니末年에入ᄒᆞᆫ비十倍에逾ᄒᆞᄃᆡ人이厭苦치아니ᄒᆞ고大曆末
에一歲에征賦所入을計ᄒᆞ니總이一千二百萬緡이오鹽利가그太半에居ᄒᆞ엿거늘
鹽으로써漕傭을ᄒᆞ니江淮로부터渭橋에至ᄒᆞ기率이萬斛이오傭이七千緡이라江
淮써北으로더부러巡院을列置ᄒᆞ고能吏를擇ᄒᆞ야主ᄒᆞ니州縣을煩치안코事에集
ᄒᆞ더라

李正己ㅣ畏上威名ᄒᆞ야表獻錢三十萬緡이어늘上이欲受之ᄒᆞ라가恐
見欺ᄒᆞ고却之則無辭ㅣ러니崔祐甫ㅣ請遣使ᄒᆞ야慰勞淄靑將士ᄒᆞ고
因以正己所獻錢으로賜之ᄒᆞ야使將士로人人이戴上恩이면又諸道
ㅣ聞之ᄒᆞ고知朝廷이不重貨財ᄒᆞ리이다上이悅從之ᄒᆞ니正己ㅣ大慚服ᄒᆞ고
天下ㅣ以爲太平之治를庶幾可望焉이라ᄒᆞ더라

李正己ㅣ上의威名을畏ᄒᆞ야表ᄒᆞ야錢三十萬緡을獻ᄒᆞ거늘上이受코ᄌᆞᄒᆞ다가見

欺ᄒᆞᆯ가恐ᄒᆞ고却ᄒᆞ려ᄒᆞᆫ則辭가無ᄒᆞ더니崔祐甫ㅣ請ᄒᆞ야使ᄅᆞᆯ遣ᄒᆞ야淄靑將士ᄅᆞᆯ慰勞ᄒᆞ고因ᄒᆞ야正己의獻ᄒᆞᆫ바錢으로써賜ᄒᆞ야將士로ᄒᆞ야곰人々이上恩을載케ᄒᆞ면또諸道ㅣ聞ᄒᆞ고朝廷이貨財ᄅᆞᆯ不重히ᄒᆞᆷ을知ᄒᆞ리이다上이悅ᄒᆞ야從ᄒᆞ니正己ㅣ大慚ᄒᆞ야服ᄒᆞ고天下ㅣ써호ᄃᆡ太平의治ᄅᆞᆯ거의可히望ᄒᆞ겟다ᄒᆞ더라

上之在東宮也에 國子博士河中張涉으로 爲侍讀이러니 即位之夕에 召涉入禁中ᄒᆞ야 事無大小히 皆咨之ᄒᆞ고 明日에 置翰林ᄒᆞ야 爲學士ᄒᆞ니 親重ᄒᆞ야 無比러라

上이東宮에在ᄒᆞᆷ에國子博士河中張涉으로侍讀을ᄉᆞᆷ엇더니位에即ᄒᆞᄂᆞᆫ夕에涉을召ᄒᆞ야禁中에入ᄒᆞ야事에大小가無히다咨ᄒᆞ고明日에翰林에置ᄒᆞ야學士ᄅᆞᆯᄉᆞᆷ으니親重이比ᄒᆞᆯ데업더라

八月에 以道州司馬楊炎으로 爲門下侍郞ᄒᆞ고 懷州刺史喬琳으로 爲御史大夫ᄒᆞ야 並同平章事ᄒᆞ다 上이 方勵精求治ᄒᆞ야 不次用人이라 卜相於崔祐甫ᄒᆞᆫᄃᆡ 祐甫 薦炎器業이어늘 (釋義 器業器局功業也) 上이 亦素聞其名故로 自遷謫中으로 用之ᄒᆞ다 琳은 太原人이라 性이 粗率ᄒᆞ야 (釋義 粗率猶言踈略) 喜詼諧ᄒᆞ고

大府 唐制掌廩藏財貨出納
比部 掌句會內外賦斂經費俸祿之物者也
大盈 庫名始於玄宗

釋義喜許旣反悅也悅爲詼諧也詼譏戲也諧和韻之言 無他長호ᄃᆡ與張涉으로善이라涉이稱其才可大用이라ᄒᆞᄃᆡ
上이信涉言而用之ᄒᆞ니問者ㅣ無不駭愕이러라
八月에道州司馬楊炎으로써門下侍郞을ᄉᆞᆷ고懷州刺史喬琳으로御史大夫를ᄉᆞᆷ아
平章事를並同케ᄒᆞ다上이바야흐로勵精ᄒᆞ야治를求ᄒᆞ야不次로人을用ᄒᆞᄂᆞᆫ지라相
을崔祐甫에게卜ᄒᆞᆫᄃᆡ祐甫炎의器業을薦ᄒᆞ거ᄂᆞᆯ上이ᄯᅩᄒᆞᆫ본ᄃᆡ그名을聞ᄒᆞᆫ故로
遷謫中으로브터用ᄒᆞ다琳은太原人이니性이粗率ᄒᆞ야詼諧를喜ᄒᆞ고他長은無ᄒᆞ
ᄃᆡ張涉으로더부러善ᄒᆞᆫ지라涉이그才가可히大用ᄒᆞᆯ만ᄒᆞ다稱ᄒᆞᆫᄃᆡ上이涉言을信
ᄒᆞ야用ᄒᆞ니聞者ㅣ駭愕치안ᄂᆞᆫ이가업더라

舊制에天下金帛을皆貯於左藏大府ᄒᆞ고 釋義左藏庫蓋起於周職內主賦入職歲主賦出而邦布之入出則外府又主之皆其職也 四時로上其數에比部ㅣ覆其出入이러니 比音毗 及第五琦ㅣ爲度支鹽鐵使時에京師에多豪將ᄒᆞ야求取無節ᄒᆞ니琦ㅣ不能制ᄒᆞ야乃奏盡貯於大盈內庫ᄒᆞ고使宦官으로掌之ᄒᆞ고天子ㅣ亦以取給으로爲便故로久不出ᄒᆞ니由是로以天下公賦로爲人君私藏ᄒᆞ야有司ㅣ不

復得窺其多少ᄒᆞ고 校其贏縮이 殆二十年이오 宦官이 領其事者ㅣ 二百餘員이라 皆蠶食其中ᄒᆞ야 蟠結根據ᄒᆞ야 牢不可動이라 楊炎이 頓首於上前曰 財賦者ᄂᆞᆫ 國之大本이오 生民之命이라 重輕安危ㅣ 靡不由之ᄒᆞ니 是以로 前世ㅣ 皆使重臣으로 掌其事호ᄃᆡ 猶或耗亂不集이어ᄂᆞᆯ 今獨使中人으로 出入盈虛ᄒᆞ고 大臣은 皆不得知ᄒᆞ니 政之蠹弊ㅣ 莫甚於此라 請出之ᄒᆞ야 以歸有司ᄒᆞ야 度宮中歲用幾何ᄒᆞ야 量數奉入이면 不敢有乏이니 如此然後에 可以爲政이니이다 上이 即日에 下詔ᄒᆞ야 凡財賦를 皆歸左藏ᄒᆞ야 一用舊式ᄒᆞ고 歲於數中에 擇精好者三五千匹ᄒᆞ야 進入大盈庫ᄒᆞ니 炎이 以片言으로 移人主意ᄒᆞ니 議者ㅣ 稱之러라

舊制에 天下의 金帛을 다 左藏大府에 貯ᄒᆞ고 四時로 그 數를 上홈에 比部ㅣ 그 出入을 覆ᄒᆞ더니 및 第五琦ㅣ 度支鹽鐵使가 된 時에 京師에 豪將이 多ᄒᆞ야 求取홈이 無節ᄒᆞ니 琦ㅣ 能히 制치 못ᄒᆞ야 이에 奏ᄒᆞ야 大盈內庫에 盡貯ᄒᆞ고 宦官으로 ᄒᆞ야금 掌케 ᄒᆞ

天子ㅣ또ᄒᆞᆫ取給으로써便ᄒᆞᆫ故로久히不出ᄒᆞ니是로由ᄒᆞ야天下公賦로써人君의私藏을ᄉᆞᆷ어有司ㅣ다시그多少를窺ᄒᆞ고그贏縮을校치못ᄒᆞᆷ이거의二十年이오宦官이그事를領ᄒᆞᆫ者ㅣ三百餘員이라다그中에셔蠶食ᄒᆞ야蟠結ᄒᆞ고根據ᄒᆞ야牢ᄒᆞ야可히動ᄒᆞᆯ슈업ᄂᆞᆫ지라楊炎이上前에셔頓首ᄒᆞ야曰財賦라ᄒᆞᄂᆞᆫ者ᄂᆞᆫ國의大本이오生民의命이라重輕과安危가由치아니ᄒᆞᆷ이업ᄉᆞ니是로써前世ㅣ다重臣으로ᄒᆞ야곰그事를掌ᄒᆞ되오히려혹耗亂ᄒᆞ야集지못ᄒᆞ엿거ᄂᆞᆯ今에獨히中人으로ᄒᆞ야곰出入盈虛케ᄒᆞ고大臣은다得ᄒᆞ야知치못ᄒᆞ니政의蠹弊가此보담甚ᄒᆞᆷ이업ᄉᆞ니請컨ᄃᆡ出ᄒᆞ야써有司에게歸ᄒᆞ야官中歲用의幾何를度ᄒᆞ야數를量ᄒᆞ야奉入ᄒᆞ면敢히乏ᄒᆞ미有치안을지니此와如ᄒᆞᆫ然後에可히써政을ᄒᆞᆯ지니이다上이即日에下詔ᄒᆞ야무릇財賦를다左藏에歸ᄒᆞ야舊式을一用ᄒᆞ고歲에數中에셔精好ᄒᆞᆫ者三五千匹을擇ᄒᆞ야大盈庫에進入ᄒᆞ다炎이片言으로써人主의意를移ᄒᆞ니議者ㅣ稱ᄒᆞ더라

〔癸卯〕李懷仙柳城胡也僕固懷恩奏爲幽州盧龍節度使懷恩叛朝廷方勤四師故懷仙得招散亡治城邑天子不能制帖括帖試謂以所習經掩其兩端中間推間一行裁紙爲帖凡帖三字隨時增損可否不一或得四得五得六者爲通(甲辰)青苗錢唐租庸調之法壞代宗以畝定稅斂以夏秋時又以國用急不及秋苗方青即征之號青苗錢食貨志苗一畝稅錢十五又有地頭錢每畝二十五通名青苗錢(丁巳)李正己本名懷玉高麗人以平盧將逐其節度使侯希逸詔以懷玉爲留後賜名正己先有淄青齊海登萊沂密德棣十州之地後得曹徐兗鄆五州因徙治鄆使子納守青州德宗建中初約田悅梁崇義李惟岳叛河南騷然會發疽死梁崇義長安人以羽林射生從來瑱鎮襄陽累遷至右兵馬使及瑱死衆推爲帥朝廷不能討遂以爲襄州刺史據襄鄧均房復郢六州衆二萬起於井田司馬法六尺爲步步百爲畝畝百爲夫夫三爲屋屋二爲井井十爲通通十爲成成出革車一乘甲士三人左持弓右持矛中人御步卒七十二人將重車二十五人又古者井田方里爲井十井爲乘百里之國通計萬井則當有千乘矣漢志方一里爲井井十爲通通十爲成成方十里成十爲終終十爲終終十爲同同方百里同十爲封封十爲畿畿方千里有稅有

德宗 註忠和純淑曰德

輒率 率註斂也

賦稅以足食賦以足兵故四井爲邑四邑爲丘丘十六井也四丘爲甸甸六十四井也有戎馬四疋兵車一乘甲士三人卒七十二人干戈備具是爲乘馬之法五國爲屬屬有長十國爲連連有帥三十國爲卒卒有正二百一十國爲州州有牧連帥比歲簡車卒正三年簡徒群牧五年大簡車徒此先王爲國立武足兵之大畧也爲十二通初折關中爲十二道後又更置爲十二軍萬年道爲叅旗軍長安道爲旗鼓軍富平道爲元戎軍醴泉道爲井鉞軍同州道爲羽林州道爲旗官軍華軍寧州道爲折威軍岐州道爲平道軍幽州道爲招搖軍西麟道爲花遊軍涇州道爲天紀軍宜州道爲天節軍

唐紀

德宗皇帝上 名适代宗長子 在位二十六年

壽六十四 猜忌刻薄以强明自任恥見屈於正論而忘受欺於奸諛用杞盧趙贊以至於敗小人之能亂國也如此

(庚申)建中元年이라正月에赦天下ᄒᆞ고始用楊炎議ᄒᆞ야命黜陟使與觀察使刺史로約百姓丁產等級ᄒᆞ야作兩稅法ᄒᆞ고 釋義｜德宗相楊炎作兩稅法夏輸無過六月秋輸無過十一月視大曆十四年墾田數爲定廢租庸調法 比來에新舊徵科色目을一切罷之ᄒᆞ야一稅外에輒率一錢者ᄂᆞᆫ以枉法으로論ᄒᆞ라 唐初賦斂之法이曰租庸調니有田則有租ᄒᆞ고有身則有庸ᄒᆞ고有戶則有調라玄宗之末에版籍이浸壞ᄒᆞ야 釋義版補綰反籍秦昔反所以書戶口與地也 多非其實ᄒᆞ고及至德兵起ᄒᆞ야所在賦斂ᄒᆞ야迫趣取辦ᄒᆞ야無復常準ᄒᆞ니賦斂之司ㅣ增數而莫相統攝이라各

均無僥利言居行者皆無僥倖之利也

隨意徵科ᄒᆞ고自立色目ᄒᆞ야新故相仍ᄒᆞ야不知紀極이러라 至是ᄒᆞ야炎이建議作兩稅法ᄒᆞ야 先計州縣每歲所應費用과 及上供之數而賦於人ᄒᆞ야量出以制入ᄒᆞ고戶無主客ᄒᆞ야 以見居로爲簿ᄒᆞ고人無丁中ᄒᆞ야 釋義中如字凡民始生爲黃四歲爲小十六爲中二十二爲丁六十爲老受田之制丁及男年十六以上人一頃 以貧富로爲差ᄒᆞ고爲行商者ᄂᆞᆫ在所州縣에稅三十之一ᄒᆞ야使與居者로均無僥利ᄒᆞ고 釋義僥謂倖其利也 居人之稅ᄂᆞᆫ秋夏兩徵之ᄒᆞ고其租庸調雜徭ᄂᆞᆫ悉省ᄒᆞ야 釋義徭賦也租庸謂雜徭謂穀絹布帛總纊所出不一也 皆總統於度支ᄒᆞ니上이用其言ᄒᆞ야因赦ᄒᆞ고令行之ᄒᆞ다

建中元年이라正月에天下를赦ᄒᆞ고비로소楊炎의議를用ᄒᆞ야黜陟使를命ᄒᆞ야觀察使刺史로더부러百姓의丁產等級을約ᄒᆞ야兩稅法을作ᄒᆞ고比來에新舊徵科色目을一切히罷ᄒᆞ야二稅外에문득一錢이라도率ᄒᆞᄂᆞᆫ者ᄂᆞᆫ枉法으로써論ᄒᆞ다唐初에賦斂의法이日租庸調니田이有ᄒᆞᆫ則租가有ᄒᆞ고身이有ᄒᆞᆫ則庸이有ᄒᆞ고戶가有ᄒᆞᆫ則調가有ᄒᆞᆫ지라玄宗末에版籍이浸壞ᄒᆞ야그實을非ᄒᆞᆷ이多ᄒᆞ고至德兵起ᄒᆞᆷ에至ᄒᆞ야在ᄒᆞᆫ바에賦斂ᄒᆞ야取辦ᄒᆞᆷ을迫趣히ᄒᆞ야다시常準ᄒᆞ미無ᄒᆞ니賦斂의司가數ㅣ增ᄒᆞ야서로統攝지못ᄒᆞᄂᆞᆫ자라各기意를隨ᄒᆞ야徵科ᄒᆞ고色目을自立ᄒᆞ야新과故가相仍ᄒᆞ야紀極을知치못ᄒᆞ더니是에至ᄒᆞ야炎이議를建ᄒᆞ야兩稅法을作ᄒᆞ

야먼져州縣에每歲에所應費用과및上供ᄒᆞᄂᆞᆫ數를計ᄒᆞ야人에게賦ᄒᆞ야出홈을量ᄒᆞ야써入홈을制ᄒᆞ고戶에主客이無ᄒᆞ야見居로써簿ᄒᆞ게ᄒᆞ고人에丁中이無ᄒᆞ야貧富로써差를ᄒᆞ고行商ᄒᆞᄂᆞᆫ者ᄂᆞᆫ在ᄒᆞᆫ바州縣에三十에一을稅ᄒᆞ야ᄒᆞ야곰居ᄒᆞᆫ者로더부러均ᄒᆞ야僥利가無케ᄒᆞ고居人의稅ᄂᆞᆫ秋夏에兩徵ᄒᆞ고그租庸調에雜徭ᄂᆞᆫ다省ᄒᆞ야다度支에總統ᄒᆞ니上이그言을用ᄒᆞ야因ᄒᆞ야赦ᄒᆞ고令ᄒᆞ야行케ᄒᆞ다

崔祐甫ㅣ以疾多로不視事ᄒᆞ니楊炎이獨任大政ᄒᆞ야專以復恩讐로爲事ᄒᆞ다

崔祐甫ㅣ疾이多홈으로써視事치아니ᄒᆞ니楊炎이大政을獨任ᄒᆞ야專히恩讐를復홈으로事을숨다

術士桑道茂ㅣ上言호ᄃᆡ陛下ㅣ不出數年에暫有離宮之厄이라臣이望奉天에有天子氣ᄒᆞ니宜高大其城ᄒᆞ야以備非常ᄒᆞ소셔辛丑에命京兆ᄒᆞ야發丁夫數千ᄒᆞ야雜六軍之士ᄒᆞ야築奉天城ᄒᆞ다

術士桑道茂ㅣ言을上호ᄃᆡ陛下ㅣ數年을不出ᄒᆞ야잠싼離宮홀厄이有ᄒᆞᆯ지라臣이望ᄒᆞ니奉天에天子氣가有ᄒᆞ니맛당이그城을高大히ᄒᆞ야써非常을備ᄒᆞ소셔辛丑에京兆를命ᄒᆞ야丁夫數千을發ᄒᆞ야六軍의士를雜ᄒᆞ야奉天城을築ᄒᆞ다

置遞立郵以傳送也

宿重宿留也

荊南節度使庾準이希楊炎旨ᄒᆞ야奏忠州刺史劉晏이與朱泚書에辭多怨望ᄒᆞ고炎이證成之ᄒᆞ야ᄂᆞᆯ上이下詔賜死ᄒᆞ니天下ㅣ寃之ᄒᆞ더라

荊南節度使庾準이楊炎의旨ᄅᆞᆯ希ᄒᆞ야奏호ᄃᆡ忠州刺史劉晏이朱泚에게書ᄒᆞᆷ에辭가怨望이多ᄒᆞ고炎이證成ᄒᆞ얏다ᄒᆞ거ᄂᆞᆯ上이詔ᄅᆞᆯ下ᄒᆞ야賜死ᄒᆞ니天下ㅣ寃히여기더라

初에安史之亂에數年間에天下戶口ㅣ什亡八九ᄒᆞ고州縣이多爲藩鎭所據ᄒᆞ야貢賦ㅣ不入朝廷ᄒᆞ니府庫ㅣ耗竭ᄒᆞ고中國이多故ᄒᆞ야戎狄이每歲犯邊이라所在에宿重兵ᄒᆞ야仰給縣官ᄒᆞ니所費ㅣ不貲ᄅᆞᆯ皆倚辦於晏이러라

初에安史의亂에數年間에天下戶口ㅣ什에八九ᄂᆞᆫ亡ᄒᆞ고州縣이多히藩鎭의所據가되야貢賦ㅣ朝廷에入지못ᄒᆞ니府庫ㅣ耗竭ᄒᆞ고中國이故가多ᄒᆞ야戎狄이每歲에邊을犯ᄒᆞᄂᆞᆫ지라所在에重兵을宿ᄒᆞ야縣官에게仰給ᄒᆞ니所費ㅣ不貲ᄅᆞᆯ다晏에게倚辦ᄒᆞ더라

晏이有精力多機智ᄒᆞ고變通有無ᄒᆞ야曲盡其妙ᄒᆞ고常以厚直으로募善走者ᄒᆞ야置遞相望ᄒᆞ야覘報四方物價ᄒᆞ니覘丑廉反雖遠方이라도不數

使司轉運使司也

句檢句稽也檢校也

日에皆達ᄒᆞ야使司食貨輕重之權을悉制在掌握ᄒᆞ니國家ㅣ獲利而天下ㅣ無甚貴甚賤之憂러라晏이常以爲辦集衆務ᄂᆞᆫ在於得人故로必擇通敏精悍廉勤之士而用之ᄒᆞ고(釋義)精悍謂精彊悍勇也精子正反 至於句檢簿書와 句古侯反(釋義)唐官志考功郎中掌百官功過叙以四善善狀之外有二十七最其十七曰明於勘覆稽失無隱爲句檢之最 出納錢穀ᄒᆞ야事雖至細ᄂᆞ必委之士類ᄒᆞ고吏ᄂᆞᆫ惟書符牒이오不得輕出一言이러라常言士ㅣ陷贓賄則淪棄於時ᄒᆞ니名重於利라故로士多淸修ᄒᆞ고吏雖廉潔이나終無顯榮ᄒᆞ니利重於名이라故로吏多貪汚ᄂᆞ然이ᄂᆞ惟晏이能行之ᄒᆞ고佗人效者ᄂᆞᆫ終莫能逮라其場院要劇之官을必盡一時之選故로晏沒之後에掌財賦有聲者ᄂᆞᆫ多晏之故吏也러라

晏이精力이有ᄒᆞ고機智가多ᄒᆞ고有無를變通ᄒᆞ야그妙ᄒᆞᆷ을曲盡ᄒᆞ고항상厚直으로써善走ᄒᆞᄂᆞᆫ者를募ᄒᆞ야遞를두어相望ᄒᆞ야四方의物價를覘報ᄒᆞ니비록遠方이라도數日이못되야다達ᄒᆞ야使司食貨輕重의權을다掌握에制在ᄒᆞ니國家ㅣ利를獲ᄒᆞ고天下ㅣ甚히貴ᄒᆞ고甚히賤ᄒᆞᄂᆞᆫ憂가無ᄒᆞ더라晏이항상써호되衆務를辦集ᄒᆞᆷ은人을得ᄒᆞᆷ에잇다ᄒᆞᄂᆞᆫ故로반다시通敏精悍廉勤ᄒᆞᆫ士를擇ᄒᆞ야用ᄒᆞ고簿書를

若干 註 干猶介也若干猶言幾許枚也
餓殍 殍餓死也

勾檢ᄒᆞᆷ과錢穀을出納ᄒᆞᆷ에至ᄒᆞ야ᄂᆞᆫ事가비록至細ᄒᆞ나반다시士類에委ᄒᆞ고吏ᄂᆞᆫ오즉符牒을書ᄒᆞ고一言도輕出ᄒᆞᆷ을得지못ᄒᆞ게ᄒᆞᆫ지라항상言호ᄃᆡ士가贓賄에陷ᄒᆞᆫ즉時에論棄ᄒᆞᄂᆞ니名이利보담重ᄒᆞᆫ지라故로士ㅣ淸修ᄒᆞ미多ᄒᆞ고吏ᄂᆞᆫ비록廉潔ᄒᆞ나終에顯榮이無ᄒᆞ니利가名보담重ᄒᆞᆫ지라故로吏가貪汚ᄒᆞ미多ᄒᆞ나然이나오즉晏이能히行ᄒᆞ고它人效ᄒᆞᄂᆞᆫ者ᄂᆞᆫ終히能히逮치못ᄒᆞᄂᆞᆫ지라그場院要劇의官을반다시一時의選을盡ᄒᆞᄂᆞᆫ故로晏이沒ᄒᆞᆫ後에財賦를掌ᄒᆞ야聲이有ᄒᆞᆫ者ᄂᆞᆫ晏의故吏가多ᄒᆞ더라

晏이又以戶口ㅣ滋多則賦稅ㅣ自廣故로其理財에常以養民으로爲先ᄒᆞ야諸道에各置知院官ᄒᆞ고每旬月에具州縣雨雪豐歉之狀ᄒᆞ야(釋義 豐稔也 歉吉念反 一日食不滿也)白使司ᄒᆞ고豐則貴糴에歉則賤糴ᄒᆞ고或以穀으로易雜貨供官用ᄒᆞ고及於豐處에賣之ᄒᆞ야知院官이始見不稔之端ᄒᆞ고先申ᄒᆞ면至某月ᄒᆞ야須若干蠲免ᄒᆞ고某月엔須若干求助라가及期ᄒᆞ얀劉晏이不俟州縣申請ᄒᆞ고卽奏行之ᄒᆞ야應民之急을未嘗失時ᄒᆞ고不待其困弊流亡餓殍然後에賑之也ᄒᆞ니由是로民이得安其居業ᄒᆞ야戶口ㅣ蕃息이러라晏이始爲轉運使時에天下見戶ㅣ不過

二百萬이러니 其季年에 乃三百餘萬이로대 在晏所統則增ᄒᆞ고 非晏所統則不增也ᄒᆞ고 其初에 財賦ㅣ歲入이 不過四百萬緡이러니 季年에 乃千餘萬緡이러라

晏이ᄯᅩ戶口가滋多ᄒᆞᆫ즉賦稅가스ᄉᆞ로廣ᄒᆞᄂᆞᆫ故로그財를理홈애항상民을養ᄒᆞᄆᆞ로ᄡᅥ先을하야諸道에知院官을各置ᄒᆞ고미양旬月에州縣에雨雪과豐歉의狀을具ᄒᆞ야使司에게白ᄒᆞ고豐ᄒᆞᆫ則糴를貴히ᄒᆞ며歉ᄒᆞᆫ즉糶를賤히ᄒᆞ고혹穀으로ᄡᅥ雜貨를易ᄒᆞ야官用을供ᄒᆞ고밋豐處에賣ᄒᆞ야知院官이비로소稔치못ᄒᆞᆫ端을見ᄒᆞ고먼져申ᄒᆞ면某月에至ᄒᆞ야모름지기蠲免을若干히ᄒᆞ고某月엔모름지기救助를若干히ᄒᆞ다가期에及ᄒᆞ얀劉晏이州縣申請을俟치아니ᄒᆞ고곳奏ᄒᆞ야行ᄒᆞ야民의急을應홈을일즉時를失하지안코그困弊로流亡ᄒᆞ고餓殍ᄒᆞᆷ을不待ᄒᆞᆫ然後에賑ᄒᆞ니是로由ᄒᆞ야民이그居業을安홈을得ᄒᆞ야戶口ㅣ蕃息ᄒᆞ더라晏이비로소轉運使가된時에天下見戶가二百萬에過치못ᄒᆞ더니그季年엔이에三百餘萬이로ᄃᆡ晏에統ᄒᆞᆫ바인즉增ᄒᆞ고晏의統ᄒᆞᆫ비아닌즉增치못ᄒᆞ고그初에財賦ㅣ歲入이四百萬緡에過치못ᄒᆞ더니季年엔이에千餘萬緡이러라

晏이專用榷鹽法ᄒᆞ야充軍國之用ᄒᆞ니 時에 自許汝鄭鄧之西로 皆

(池壚)河東解州有壚池池水賣以爲壚(唐蔡)蔡本豫州避代宗諱而云蔡州也常平壚後又權茶遂置常平茶壚官

食河東池鹽ᄒᆞ니 度支ㅣ主之ᄒᆞ고 汴滑唐蔡之東은 皆食海壚ᄒᆞ니 晏이 主之ᄒᆞ더라 晏이 以爲官多則民擾故로 但於出壚之鄕에 置壚官ᄒᆞ고 取壚戶所糞之鹽ᄒᆞ야 轉鬻於商人ᄒᆞ야 任其所之ᄒᆞ고 自餘州縣은 不復置官ᄒᆞ고 其江嶺間에 去壚鄕遠者는 轉官鹽於彼ᄒᆞ야 貯之ᄒᆞ고 或商絶鹽貴ᄒᆞ야 則減價鬻之ᄒᆞ니 謂之常平壚이라 官獲其利而民 不乏之壚ᄒᆞ야 其始에 江淮鹽利ㅣ 不過四十萬緡이러니 季年에 乃六 百餘萬緡이러라 由是로 國用이 充足而民不困弊ᄒᆞ고 其河東鹽利ㅣ 不過八十萬緡而價復貴於海鹽이러라

晏이오르지權鹽法을用ᄒᆞ야軍國의用을充ᄒᆞ니時에許 汝鄭鄧의西로부터다河東池鹽을食ᄒᆞ니度支가主ᄒᆞ고汴滑唐蔡의東은다海鹽을食ᄒᆞ니晏이主ᄒᆞ더라晏이써호되官이多ᄒᆞᆫ즉民이擾ᄒᆞᆫ故로다만鹽을出ᄒᆞᄂᆞᆫ鄕에鹽官을置ᄒᆞ고鹽戶에糞ᄒᆞᄂᆞᆫ바鹽을取ᄒᆞ야商人에게轉鬻ᄒᆞ야그之ᄒᆞᄂᆞᆫ바所를任ᄒᆞ고自餘州縣은다시官을置치아니ᄒᆞ고그江嶺間에鹽鄕에去ᄒᆞ기遠ᄒᆞᆫ者ᄂᆞᆫ官鹽을彼에轉ᄒᆞ야貯ᄒᆞ고혹商이壚이絶ᄒᆞ야貴ᄒᆞᆫ즉價를減ᄒᆞ야鬻ᄒᆞ니謂호ᄃᆡ常平壚이라官이그利를獲ᄒᆞ고

民이墟이不乏ᄒᆞ야ᄀᆞ始에江淮에鹽利가四十萬緡에過치못ᄒᆞ더니季年에이예六百餘萬緡이라由是로國用이充足ᄒᆞ야民이困弊치아니ᄒᆞ고ᄀᆞ河東에鹽利가八十餘萬緡에過치못ᄒᆞ되價ㅣ다시海鹽보다貴ᄒᆞ더라

先是에運關東穀ᄒᆞ야入長安者ㅣ以河流湍悍으로(釋義)湍他官反水之急流其勢勇悍也 率一斛에得八斗至者則爲成勞ᄒᆞ야受優賞이러니晏이以爲江汴河渭ㅣ水力이不同이라ᄒᆞ야各隨便宜ᄒᆞ야造運船敎漕卒ᄒᆞ야(釋義)漕在到反水運也卒藏沒反漕運中所役卒也 江船은達揚州ᄒᆞ고(釋義)船自江行者爲江船與汴船河船渭船同義 汴船은達河陰ᄒᆞ고河船은達渭口ᄒᆞ고渭船은達太倉ᄒᆞ고其間에緣水置倉ᄒᆞ야轉相受給ᄒᆞ니自是로每歲運穀이或至百餘萬斛이로ᄃᆡ無斗升沈覆者라船十艘로爲一綱ᄒᆞ고使軍將으로領之ᄒᆞ야十運無失에授優勞官ᄒᆞ니其人이數運之後에無不斑白者러라

先是에關東穀을運ᄒᆞ야長安에入ᄒᆞᄂᆞᆫ者ㅣ河流湍悍ᄒᆞᆷ으로ᄡᅥ率이一斛에八斗를得ᄒᆞ야至ᄒᆞᆫ者인즉成勞라ᄒᆞ야優賞을受ᄒᆞ더니晏이ᄡᅥᄒᆞ되江汴河渭가水力이同치안다ᄒᆞ야便宜를各隨ᄒᆞ야運船을造ᄒᆞ고漕卒을敎ᄒᆞ야江船은楊州에達ᄒᆞ고汴

船은河陰에達ᄒᆞ고河船은渭口에達ᄒᆞ고渭船은太倉에達ᄒᆞ고그間에水를緣ᄒᆞ야置倉ᄒᆞ야轉ᄒᆞ야서로受給ᄒᆞ니是로부터每歲에運穀이혹百餘萬斛에至ᄒᆞ되斗升도沈覆ᄒᆞ는者ㅣ업는지라船十艘로一綱을ᄒᆞ고軍將으로ᄒᆞ야곰領ᄒᆞ야十運을無失ᄒᆞᆷ에優勞官을授ᄒᆞ니其人이數運ᄒᆞᆫ後에班白ᄒᆞ지안는者ㅣ無ᄒᆞ더라

晏이於揚子에置十場造船ᄒᆞ야每艘에給錢千緡이러니或이言所用이實不及半ᄒᆞ니虛費太多ᄒᆞ라ᄒᆞ야놀晏이曰不然ᄒᆞ다論大計者는固不可惜小費니凡事ㅣ必爲永久之慮라今始置船場에執事者ㅣ至多ᄒᆞ니當先使之私用ᄒᆞ야無窘則官物이堅完矣어니와若遽與之屑屑ᄒᆞ야較計錙銖면安能久行乎아異日에必有患吾所給多而減之者ᄒᆞ리니減半以下는猶可也어니와過此則不能運矣리라其後五十年에有司ㅣ果減其半ᄒᆞ고及咸通中ᄒᆞ야는有司ㅣ費計而給之ᄒᆞ고無復羡餘ᄒᆞ니船益脆薄易壞ᄒᆞ야漕運이遂廢矣러라晏의爲人이勤力ᄒᆞ야事無閑劇ᄒᆞ야必於一日中에決之ᄒᆞ고不使留宿ᄒᆞ니後來言財

(揚子)縣名南有揚子江

(咸通)註懿宗年號

(南雅)唐分宰相爲南司故稱南牙分宦寺爲北寺故稱北門

利者ㅣ皆莫能及之러라

晏이楊子에十場을置ᄒᆞ고造船ᄒᆞ야每艘에錢千緡을給ᄒᆞ더니或이言호ᄃᆡ所用이實이半에及지아니ᄒᆞ니虛費가太多ᄒᆞ다ᄒᆞ거ᄂᆞᆯ晏이曰然치안타大計ᄅᆞᆯ論ᄒᆞᄂᆞᆫ者ᄂᆞᆫ진실노可히小費ᄅᆞᆯ惜지안ᄂᆞ니무릇事ᄅᆞᆯ반다시永久ᄒᆞᆯ慮ᄅᆞᆯ爲ᄒᆞᆯ지라今에船場을始置ᄒᆞᆷ에執事ᄒᆞᆫ者ㅣ至多ᄒᆞ니맛당히ᄒᆞ야곰私用을先ᄒᆞ야窘ᄒᆞ미無ᄒᆞᆫ則官物이堅完ᄒᆞ려니와만약遽히與ᄒᆞ기ᄅᆞᆯ屑屑히ᄒᆞ야錙銖ᄅᆞᆯ較計ᄒᆞ면엇지能히久行ᄒᆞ리오異日에반다시吾ㅣ給ᄒᆞᆷ이多ᄒᆞᆷ을患ᄒᆞ야減ᄒᆞᆯ者ㅣ有ᄒᆞᆯ진ᄃᆡ半써下ᄅᆞᆯ減ᄒᆞᆷ은오히려可ᄒᆞ거니와此에過ᄒᆞᆫ則能히運치못ᄒᆞ리라그後五十年에有司ㅣ果然그半을減ᄒᆞ고咸通中에及ᄒᆞ야ᄂᆞᆫ有司ㅣ費ᄅᆞᆯ計ᄒᆞ야給ᄒᆞ고다시羨餘ᄒᆞᆷ이無ᄒᆞ니船이더욱脆薄ᄒᆞ야壞ᄒᆞ기易ᄒᆞ야漕運이드ᄃᆡ여廢ᄒᆞ더라晏의入됨이勤力ᄒᆞ야事에閑劇ᄒᆞ미無ᄒᆞ야반다시一日中에決ᄒᆞ고ᄒᆞ야금留宿지아니ᄒᆞ니後來에財利ᄅᆞᆯ言ᄒᆞᄂᆞᆫ者ㅣ다能히及지못ᄒᆞ더라

上이初即位에踈斥宦官ᄒᆞ고親任朝士而張涉은以儒學으로入侍ᄒᆞ고薛邕은以文雅로登朝ᄒᆞ야繼以贓敗ᄒᆞ니宦官武將이得以藉口ᄒᆞ야曰南牙文臣이贓動至巨萬이로ᄃᆡ而謂我曹ㅣ濁亂天下ᄒᆞ다ᄒᆞ니豈

非欺罔邪아於是에上心이始疑ᄒᆞ야不知所倚仗矣러라

上이初로位에即ᄒᆞᆷ에宦官을疎斥ᄒᆞ고朝士를親任ᄒᆞᆷ에張涉은儒學으로써入侍ᄒᆞ고薛邕은文雅로써登朝ᄒᆞ야繼ᄒᆞ야贓으로써敗ᄒᆞ니宦官武將이실어금써口를藉ᄒᆞ야曰南牙文臣이贓動ᄒᆞᆷ이巨萬에至ᄒᆞ되我曹가天下를濁亂ᄒᆞ다謂ᄒᆞ니엇지欺罔이아니리오是에上心이비로소疑ᄒᆞ야倚仗ᄒᆞᆯ바를知치못ᄒᆞ더라

(辛酉)二年이라正月에成德節度使李寶臣이薨ᄒᆞ다初에寶臣이與淄青李正己와魏博田承嗣로相結ᄒᆞ야期以土地로傳之子孫故로承嗣之死에寶臣이力為之請於朝ᄒᆞ야使以節로授田悅ᄒᆞᆫ디代宗이從之러니至是ᄒᆞ야悅이屢為寶臣子惟岳ᄒᆞ야請繼襲이어ᄂᆞᆯ上이欲革前弊ᄒᆞ야不許ᄒᆞ니悅이乃與李正己로各遣使詣惟岳謀ᄒᆞ야勒兵拒命ᄒᆞ니河南士民이騷然驚駭러라

(成德)註 桓冀成德軍也

二年이라正月에成德節度使李寶臣이薨ᄒᆞ다初에寶臣이淄青에李正巳와魏博에田承嗣로더부러相結ᄒᆞ야土地로써子孫에게傳ᄒᆞ기를期ᄒᆞᆫ故로承嗣ㅣ死ᄒᆞᆷ에寶臣이심써為ᄒᆞ야朝에請ᄒᆞ야ᄒᆞ야금節로써田悅을授케ᄒᆞᆫ디代宗이從ᄒᆞ엿더니是

에至ᄒᆞ야悅이屢히寶臣의子惟岳을爲ᄒᆞ야繼襲홈을請ᄒᆞ거ᄂᆞᆯ上이前弊를革코ᄌᆞ
ᄒᆞ야許치안으니悅이이에李正己로더부러各기使를보ᄂᆡ惟岳에게詣ᄒᆞ야謀ᄒᆞ야
兵을勒ᄒᆞ고拒命ᄒᆞ니河南士民이騷然히驚駭ᄒᆞ더라

(盧杞)奕之子奕懷愼子也

(隱几)註隱憑也

御史中丞盧杞ᄂᆞᆫ 奕之子也ㅣ라 貌醜ᄒᆞ야 色如藍ᄒᆞ되 有口辯ᄒᆞ니 上이 悅之ᄒᆞ야 擢爲京畿觀察使ᄒᆞ다 郭子儀ㅣ 每見賓客에 姬妾이 不離側이러니 杞ㅣ 嘗往問疾에 子儀ㅣ 悉屛侍妾ᄒᆞ고 獨隱凡待之어ᄂᆞᆯ 或이 問其故ᄒᆞᆫ대 子儀ㅣ 曰杞ㅣ 貌陋而心險ᄒᆞ니 婦人輩ㅣ 見之必笑ᄒᆞ리니 他日에 杞ㅣ 得志면 吾族이 無類矣리라 楊炎이 旣殺劉晏에 朝野ㅣ 側目이어ᄂᆞᆯ 上이 惡之ᄒᆞ야 遷炎中書侍郞ᄒᆞ고 擢盧杞爲門下侍郞ᄒᆞ야 竝同平章事ᄒᆞ고 不專任炎矣러니 杞ㅣ 陰狡ᄒᆞ야 欲起勢立威ᄒᆞᆯ서 小不附者면 必欲寘之死地라 引太常博士裴延齡ᄒᆞ야 爲集賢直學士ᄒᆞ야 親任之러라

御史中丞盧杞ᄂᆞᆫ奕의子ㅣ라貌가醜ᄒᆞ야色이藍과如호ᄃᆡ口辯이有ᄒᆞ니上이悅ᄒᆞ

(考凡)肅宗乾元戊

야擢ᄒᆞ야京畿觀察使를삼다郭子儀ㅣ賓客을每見ᄒᆞᆷ에姬妾이側을不離ᄒᆞ더니杞ㅣ일즉往ᄒᆞ야問疾ᄒᆞᆷ에子儀ㅣ侍妾을悉屛ᄒᆞ고獨히隱几ᄒᆞ야待ᄒᆞ거ᄂᆞᆯ或이그故를問ᄒᆞᆫᄃᆡ子儀ㅣ曰杞ㅣ貌가陋ᄒᆞ고心이險ᄒᆞ니婦人輩ㅣ見ᄒᆞ면반다시笑ᄒᆞ리니他日에杞ㅣ志를得ᄒᆞ면吾族이類가無ᄒᆞ리라楊炎이임의劉晏을殺ᄒᆞ미朝野ㅣ側目ᄒᆞ거ᄂᆞᆯ上이惡ᄒᆞ야炎을中書侍郞에遷ᄒᆞ고盧杞를擢ᄒᆞ야門下侍郞을삼아平章事를幷同케ᄒᆞ고炎에게專任치안터니杞가陰狡ᄒᆞ야起勢ᄒᆞ고立威코져ᄒᆞᆯ시小히不附ᄒᆞᄂᆞᆫ者면반다시死地에寘코져ᄒᆞᄂᆞᆫ지라太常博士裴延齡을引ᄒᆞ야集賢直學士를삼아親任ᄒᆞ더라

六月에汾陽忠武王郭子儀ㅣ薨ᄒᆞ다子儀ㅣ爲上將擁兵ᄒᆞ니程元振魚朝恩이讒謗百端이어ᄂᆞᆯ詔書一紙로徵之ᄒᆞ니無不即日就道라由是로讒謗이不行ᄒᆞ고嘗遣使至田承嗣所에承嗣ㅣ西望拜之曰此膝을不屈於人이若千年矣라ᄒᆞ고李靈曜ㅣ據汴州作亂에公私物이過汴者을皆留之호ᄃᆡ惟子儀物은不敢近ᄒᆞ고遣兵衛送出境이러라校中書令考ㅣ凡二十四月에入俸錢萬緡이로ᄃᆡ私

成年始爲中書令至德宗建中辛酉年薨通二十四年 八子曜晞旰昢晤曖曙映 頷之點頭而應之

產은不在焉ᄒᆞ고府庫珍貨ㅣ山積ᄒᆞ고家人이三千人이오八子七婿ㅣ皆爲朝廷顯官ᄒᆞ고諸孫數十人이每問安에不能盡辨ᄒᆞ고頷之而已러라頷五感反首肯也(釋義)左傳襄二十六年衛侯復歸逆於門者頷之而已註頷搖其頭也 僕固懷恩李懷光渾瑊輩ㅣ皆出麾下ᄒᆞ야雖貴爲王公이나常頤指役使ᄒᆞ야趍走於前ᄒᆞ고家人이亦以僕隸로視之ᄒᆞ니天下ㅣ以其身으로爲安危者ㅣ殆三十年이오功蓋天下而主不疑ᄒᆞ고位極人臣而衆不疾ᄒᆞ고窮奢極欲而人不非之ᄒᆞ더라年八十五而終ᄒᆞ니其將佐ㅣ至大官爲名臣者ㅣ甚衆ᄒᆞ더라

六月에汾陽忠武王郭子儀ㅣ薨ᄒᆞ다子儀ㅣ上將이되야兵을擁ᄒᆞ니程元振과魚朝恩이百端으로譏謗ᄒᆞ거늘詔書一紙로徵ᄒᆞ니即日에就道치안는이無ᄒᆞᆫ지라是로由ᄒᆞ야譏謗이行치안코일즉使를遣ᄒᆞ야田承嗣의所에至ᄒᆞᆷ에承嗣ㅣ西望ᄒᆞ고拜ᄒᆞ야曰此膝을人에게屈치안음이千年과갓다ᄒᆞ고李靈曜ㅣ汴州에據ᄒᆞ야作亂ᄒᆞᆷ에公私物이過汴ᄒᆞᄂᆞᆫ者를다留호ᄃᆡ오쟉子儀의物은敢히近치못ᄒᆞ고兵을遣ᄒᆞ야衛送ᄒᆞ야境에出ᄒᆞ더라校中書令考ㅣ凡二十四月에俸錢二萬緡을入호ᄃᆡ私產은

(神策軍) 天子禁軍

在치안코府庫와珍貨ㅣ山갓치積ᄒᆞ고家人이三千人이오八子와七婿ㅣ다朝廷에顯官이되고諸孫數十人이미양問安ᄒᆞᆷ에能히盡辨치못ᄒᆞ고頷ᄒᆞᆯᄯᆞᄅᆞᆷ일너라僕固懷恩과李懷光과渾瑊의輩ㅣ다麾下에出ᄒᆞ야비록貴ᄒᆞᆷ이王公이되나항상頤指ᄒᆞ고役使ᄒᆞ야前에趣走케ᄒᆞ고家人이ᄯᅩᄒᆞᆫ僕隷로써視ᄒᆞ니天下ㅣ그身으로써安危ᄅᆞᆯᄒᆞᆫ者ㅣ殆히三十年이오功이天下에盖ᄒᆞ되主가疑치안코位가人臣에極ᄒᆞ되衆이疾치안코奢ᄅᆞᆯ窮히ᄒᆞ고欲을極히ᄒᆞ되人이非치안터라年이八十五에終ᄒᆞ니그將佐ㅣ大官에至ᄒᆞ야名臣이된者ㅣ甚衆ᄒᆞ더라

七月에詔馬燧ᄒᆞ야將步騎二萬ᄒᆞ야與李抱眞으로討田悅ᄒᆞ고又遣李晟ᄒᆞ야將神策兵ᄒᆞ야與之俱ᄒᆞ다

七月에馬燧에게詔ᄒᆞ야步騎二萬을將ᄒᆞ야李抱眞으로더부러田悅을討ᄒᆞ고ᄯᅩ李晟을보니야神策兵을將ᄒᆞ야더부러俱케ᄒᆞ다

盧杞ㅣ譖楊炎ᄒᆞ야十月에貶崖州司馬ᄒᆞ고遣中使護送이러니未至崖州ᄒᆞ야縊殺之ᄒᆞ다

盧杞ㅣ楊炎을譖ᄒᆞ야十月에崖州司馬로貶ᄒᆞ고中使를遣ᄒᆞ야護送ᄒᆞ더니崖州에至치못ᄒᆞ야縊殺ᄒᆞ다

(踰橋)註燧與悅夾洹水而軍燧爲三橋踰洹水曰往挑戰(浮圖)佛寺也

(盧龍)朱滔(恒冀)王武俊(易定)張孝忠奚乞失活種

(壬戌)三年이라馬燧等諸軍이直趨魏州ᄒᆞ니田悅이率軍四萬ᄒᆞ고踰橋掩其後어늘燧ㅣ結陣ᄒᆞ고縱銳兵擊之ᄒᆞ니悅軍이大敗라悅이收餘兵千餘人ᄒᆞ야走魏州ᄒᆞ다燧ㅣ與李抱眞으로不恊이라頓兵平邑浮圖ᄒᆞ고遷延不進ᄒᆞ야悅이入城旬餘日에燧等諸軍이始至城下ᄒᆞ야攻之不克ᄒᆞ다

三年이라馬燧等諸軍이魏州로直趨ᄒᆞ니田悅이軍四萬을率ᄒᆞ고橋를踰ᄒᆞ야그後를掩ᄒᆞ거늘燧ㅣ結陣ᄒᆞ고銳兵을縱ᄒᆞ야擊ᄒᆞ니悅軍이大敗ᄒᆞ는지라悅이餘兵千餘人을收ᄒᆞ야魏州로走ᄒᆞ다燧ㅣ李抱眞으로더부러不協ᄒᆞᆫ지라兵을平邑浮圖에頓ᄒᆞ고遷延ᄒᆞ야進치아니ᄒᆞ야悅이城에入ᄒᆞᆫ지旬餘日에燧等諸軍이비로소城下에至ᄒᆞ야攻홈에克지못ᄒᆞ다

三月에上이遣中使ᄒᆞ야發盧龍恒冀易定兵萬人ᄒᆞ야詣魏州討田悅ᄒᆞ니王武俊이不受詔ᄒᆞ고朱滔ㅣ亦擧兵而南ᄒᆞ야以救魏州ᄒᆞ다

三月에上이中使를보내여盧龍恒冀易定의兵萬人을發ᄒᆞ야魏州로詣ᄒᆞ야田悅을討케ᄒᆞ니王武俊이詔를不受ᄒᆞ고朱滔ᄯᅩᄒᆞᆫ擧兵ᄒᆞ야南으로ᄒᆞ야ᄡᅥ魏州를救ᄒᆞ다

(陳京)陳宣帝子叔明之五世孫也 (請括)註括撿也

(括僦)僦賃借也民間以物質錢異時贖出於母錢之外復還子錢謂之僦撌質贅以物質錢也質之日切又音致信也

時에兩河ㅣ用兵에月費百餘萬緡ᄒᆞ니府庫ㅣ不支數月이라太常博士韋都賓陳京이建議호ᄃᆡ以爲貨利所聚는皆在富商ᄒᆞ니請括富商錢ᄒᆞ야出萬緡者를借其餘ᄒᆞ야以供軍호ᄃᆡ計天下에不過借一二千商則數年之用이足矣리이다上이從之ᄒᆞ야詔借商人錢ᄒᆞ서令度支杜佑로大索長安中商賈所有貨라가意其不實이면輒加榜棰ᄒᆞ니(榜音彭)人不勝苦ᄒᆞ야有縊死者라長安이囂然如被寇盜러라計所得ᄒᆞ니纔八十餘萬緡이라又括僦櫃質錢ᄒᆞ니(釋義)僦即就反賃也質物相贅也凡蓄積錢帛粟麥者를皆借四分之一ᄒᆞ고封其櫃窖ᄒᆞ니(窖居效反)百姓이爲之罷市러라計幷借商所得ᄒᆞ니纔一百萬緡이오人已竭矣러라

時에兩河ㅣ兵을用홈에月로百餘萬緡을費ᄒᆞ니府庫ㅣ數月을支치못ᄒᆞ는지라太常博士韋都賓陳京이議를建ᄒᆞ야써호ᄃᆡ貨利가聚ᄒᆞ는바는다富商에在ᄒᆞ니請컨ᄃᆡ富商에錢을括ᄒᆞ야萬緡에出ᄒᆞᆫ者를그餘를借ᄒᆞ야써軍을供호ᄃᆡ計ᄒᆞ야天下에一二千商을借홈에不過ᄒᆞᆫ則數年의用이足ᄒᆞ리이다上이從ᄒᆞ야詔ᄒᆞ야商의錢을

을借홀시度支杜佑로ᄒᆞ야금長安中商賈에有ᄒᆞᆫ바貨를大索ᄒᆞ다가意에ᄀᆞ不實ᄒᆞ면문득榜棰를加ᄒᆞ니人이苦를不勝ᄒᆞ야縊死ᄒᆞᄂᆞᆫ者ㅣ有ᄒᆞᆫ지라長安이囂然ᄒᆞ야寇盜를被홈과如ᄒᆞ더라得ᄒᆞᆫ바를計ᄒᆞ니겨우八十餘萬緡이라또僦櫃質錢을括ᄒᆞ니무릇錢帛粟麥을蓄積ᄒᆞᆫ者를다四分의一을借ᄒᆞ고ᄀᆞ櫃窖을封ᄒᆞ니百姓이爲ᄒᆞ야市를罷ᄒᆞ더라幷히借商所得을計ᄒᆞ니겨우二百万緡이오人이임의竭ᄒᆞ엿더라

朱滔王武俊軍이至魏州ᄒᆞ어ᄂᆞᆯ是日에李懷光軍이亦至ᄒᆞ다馬燧等이盛軍容迎之ᄒᆞ니滔ㅣ以爲襲己ᄒᆞ다ᄒᆞ야遽出陳이어ᄂᆞᆯ懷光이勇而無謀ᄒᆞ야遂擊滔於愜山之西ᄒᆞ다가官軍이大敗ᄒᆞ야退保魏縣ᄒᆞ야以拒滔ᄒᆞ다

朱滔와王武俊의軍이魏州에至ᄒᆞ거ᄂᆞᆯ是日에李懷光의軍이또ᄒᆞᆫ至ᄒᆞᄂᆞᆫ지라馬燧等이軍容을盛이ᄒᆞ고迎ᄒᆞ니滔ㅣ써호ᄃᆡ己를襲ᄒᆞᆫ다ᄒᆞ야급히出陳ᄒᆞ거ᄂᆞᆯ懷光이勇ᄒᆞᄂᆞ無謀ᄒᆞ야드듸여滔를愜山의西에擊ᄒᆞ다가官軍이大敗ᄒᆞ야退ᄒᆞ야魏縣을保ᄒᆞ야써滔를拒ᄒᆞ다

上이初即位에崔祐甫ㅣ爲相ᄒᆞ야務崇寬大故로當時政聲이藹然ᄒᆞ야以爲有貞觀之風이러니及盧杞ㅣ爲相에知上이性多忌ᄒᆞ고因以疑似로離間羣臣ᄒᆞ고始勸上以嚴刻御下ᄒᆞ니中外ㅣ失望이러라

上이쳐음으로位에即ᄒᆞ미崔祐甫ㅣ相이되야寬大홈을務崇ᄒᆞᆫ故로當時에政聲이藹然ᄒᆞ야써호ᄃᆡ貞觀의風아有ᄒᆞ다ᄒᆞ더니밋盧杞ㅣ相이되미上이性이忌가有ᄒᆞᆫ을知ᄒᆞ고因ᄒᆞ야疑似로써群臣을離間ᄒᆞ고비로소上에게勸ᄒᆞ야嚴刻으로써御下케ᄒᆞ니中外ㅣ望을失ᄒᆞ더라

十一月에田悅이德朱滔之救ᄒᆞ야與王武俊으로議奉滔爲王ᄒᆞ고稱臣事之ᄒᆞᄃᆡ滔ㅣ不可ᄒᆞ다ᄒᆞ고於是에滔는自稱冀王ᄒᆞ고田悅은稱魏王ᄒᆞ고王武俊은稱趙王ᄒᆞ고李納은稱齊王ᄒᆞ다

十一月에田悅이朱滔의救홈을德ᄒᆞ야王武俊으로더부러議ᄒᆞ야滔를奉ᄒᆞ야王을숨고稱臣ᄒᆞ야事ᄒᆞ려ᄒᆞᄃᆡ滔ㅣ不可라ᄒᆞ고是에滔는冀王이라自稱ᄒᆞ고田悅은魏王이라稱ᄒᆞ고王武俊은趙王이라稱ᄒᆞ고李納은齊王이라稱ᄒᆞ다

十二月에李希烈이亦自稱天下都元帥ᄒᆞ다

十二月에李希烈이또ᄒᆞᆫ天下都元帥라自稱ᄒᆞ다

(癸亥)四年이라初行稅間架와除陌錢法ᄒᆞ다舊制에諸道軍이出境則仰給度支러니上이優恤士卒ᄒᆞ야每出境에加給酒肉ᄒᆞ고本道

(除陌錢)註除留也借陌字用之其實只是百字如

什伍稱(一)給度支給供給也天下之給度支戶部屬官掌天下租賦物產咸計所出而支調之也

粮으로仍給其家ᄒᆞ고一人에兼三人之給故로將士ㅣ利之ᄒᆞ야各出軍에纔踰境而止라도月費錢이百三十餘萬緡이라常賦로不能供判이어늘度支趙贊이乃奏行二法ᄒᆞ니所謂稅間架者는每屋에兩架로爲間ᄒᆞ야上屋은稅錢二千ᄒᆞ고中은稅千ᄒᆞ고下은稅五百이라吏ㅣ執筆ᄒᆞ고入人室廬ᄒᆞ야計其數ᄒᆞ셔或有宅屋多而無他資者는出錢動數百緡ᄒᆞ고敢匿一間이면杖이六十이오賞告者는錢五十緡이러라所謂除陌錢者는公私給與及買賣엔每緡에官留五十錢ᄒᆞ고給他物及相貿易者에(釋義)貿莫候反易財也約錢爲率ᄒᆞ고敢隱은錢百에杖六十ᄒᆞ고罰錢二千ᄒᆞ고賞告者는錢十緡ᄒᆞ니其賞告은皆出坐事之家라愁怨之聲이盈於遠近이러라

四年이라稅間架와除陌錢法을初로行ᄒᆞ다舊制에諸道의軍이出境ᄒᆞᆫ즉度支에仰給ᄒᆞ더니上이士卒을優恤ᄒᆞ야ᄆᆡ양出境ᄒᆞᆷ에酒肉을加給ᄒᆞ고本道의粮으로그家를仍給ᄒᆞ고一人에三人의給을兼ᄒᆞᄂᆞᆫ故로將士ㅣ利ᄒᆞ야各기軍을出ᄒᆞᆷ에겨우踰

境ᄒᆞ야止ᄒᆞ드라도月費錢이百三十餘万緡이라常賦로ᄂᆞᆫ能히供判치못ᄒᆞ게거늘度支趙贊이이에二法을奏行ᄒᆞ니謂ᄒᆞᆫ바稅間架란者ᄂᆞᆫ每屋에兩架로間을ᄒᆞ야上屋은錢二千을稅ᄒᆞ고中은千을稅ᄒᆞ고下ᄂᆞᆫ五百을稅ᄒᆞᄂᆞᆫ지라吏가筆을執ᄒᆞ고人의室廬에入ᄒᆞ야그數를計ᄒᆞᆯ시혹宅屋이多ᄒᆞ고他資가無ᄒᆞᆷ이有ᄒᆞᆫ者ᄂᆞᆫ出錢ᄒᆞᆷ이數百緡에動ᄒᆞ고一間을敢匿ᄒᆞ면杖이六十이오告ᄒᆞᄂᆞᆫ者ᄂᆞᆫ錢五十緡을賞ᄒᆞ더라謂ᄒᆞᆫ바除陌錢이란者ᄂᆞᆫ公私給與와밋買賣에ᄂᆞᆫ每緡에五十錢을官留ᄒᆞ고他物을給ᄒᆞ고밋서로貿易ᄒᆞᄂᆞᆫ者에ᄂᆞᆫ錢을約ᄒᆞ야率을ᄒᆞ고敢隱은錢百에杖六十ᄒᆞ고罰錢二千ᄒᆞ고告ᄒᆞᄂᆞᆫ者ᄂᆞᆫ錢十緡을賞ᄒᆞ니그賞錢은다坐事의家에서出ᄒᆞᄂᆞᆫ지라愁怨ᄒᆞᄂᆞᆫ聲이遠近에盈ᄒᆞ더라

初에上이在東宮ᄒᆞ야聞監察御史陸贄名이러니及即位에召爲翰林學士ᄒᆞ고數問以得失ᄒᆞ니時에兩河用兵이久不決ᄒᆞ야賦役이日滋라贄ㅣ以兵窮民困으로恐別生內變일새ᄒᆞ야乃上奏ᄒᆞ니其畧에曰克敵之要ᄂᆞᆫ在乎將得其人이오馭將之方은在乎操得其柄이니將非其人者면兵雖衆이나不足恃요操失其柄者면將雖材나不爲用이라ᄒᆞ고又曰將不能使兵이며國不能馭將이면非止費財翫寇之

(自焚之)左傳兵猶火也不災將自焚之　(無紓)彙紓也

(乘外重)註乘去聲　(固柢)柢根也

(六軍)目左右羽林左右龍武左右神策爲六軍

弊라 亦有不戢自焚之灾하고(釋義)戢立尺反藏兵也 又曰無紓目前之虞하야或興意外之患이니人者는邦之本也오財者는人之心也라其心이傷則其本이傷하고其本이傷則枝幹이顚瘁矣라하고 又論關中形勢하야以爲王者ㅣ蓄威以昭德이라도偏廢則危하고居重以馭輕이라도倒持則悖하나니 王畿者는 四方之本也라 太宗이列置府兵하야 分隸禁衛하니大凡諸府八百餘所而在關中者ㅣ殆五百焉이라 擧天下ㅣ不敵關中之半則居重馭輕之意ㅣ明矣라 承平이漸久하야武備浸微하니雖府衛ㅣ具存而卒乘罕習故로 祿山이竊倒持之柄하고乘外重之資하야 一擧滔天에 兩京이不守하니 是는皆失居重馭輕之權하고忘深根固抵之慮니 陛下ㅣ 追想及此신더 豈不爲之寒心哉잇가 今朔方太原之衆이遠在山東하고 神策六軍之兵이繼出關外라 關輔之間에(釋義)漢關中之三輔也曰京兆尹曰左馮翊曰右扶風唐改爲關內道也 徵發已甚

ᄒᆞ고 宮苑之內에 備衛ㅣ不全ᄒᆞ니 萬一將帥之中에 有如朱滔希烈이 或負固邊壘ᄒᆞ야 誘致豺狼ᄒᆞ야 或竊發郊畿ᄒᆞ며 驚犯城闕이면 未審陛下ㅣ復何以備之리잇고 陛下ㅣ儻過聽愚計ᄒᆞ신댄 所遣神策六軍李晟等及節將子弟를 悉可追還ᄒᆞ고 明敕涇隴邠寧ᄒᆞ샤 但令嚴備封守ᄒᆞ쇼서 仍云更不徵發ᄒᆞ야 使知各保安居ᄒᆞ고 又降德音ᄒᆞ야 罷京師及畿縣間架等雜稅則冀已輸者ㅣ弭怨ᄒᆞ고 (釋義)弭綿婢反止也 見處者ㅣ獲寧ᄒᆞ리니 人心이 不搖ᄒᆞ야 邦本이 自固ᄒᆞ리이다 上이 不能用ᄒᆞ다

初에 上이 東宮에 在ᄒᆞ야 監察御史陸贄의 名을 聞ᄒᆞ얏더니 밋 即位홈에 召ᄒᆞ야 翰林學士를 숨고 得失로 써 數히 問ᄒᆞ니 時에 兩河의 用兵이 久히 決치 못ᄒᆞ야 賦役이 日滋ᄒᆞᆫ지라 贄ㅣ兵窮ᄒᆞ고 民困홈으로 써 內變이 別生홀가 恐ᄒᆞ야 이에 上奏ᄒᆞ니 그 略에 曰克敵의 要가 將이 其人을 得홈에 在ᄒᆞ고 馭將ᄒᆞᄂᆞᆫ 方은 그 柄을 操홈에 在ᄒᆞ니 將이 그 人이 아닌 者면 兵이 비록 衆ᄒᆞ나 足히 恃치 못홀거시오 操에 그 柄을 失ᄒᆞᆫ 者면 將이 비록 材가 有ᄒᆞ나 用치 못홀지라 ᄒᆞ고 또 曰將이 能히 使兵치 못ᄒᆞ며 國이 能히 馭將치 못ᄒᆞ면 費財翫寇ᄒᆞᄂᆞᆫ 弊에 止홀뿐아니라 또ᄒᆞᆫ 不戢ᄒᆞ야 自焚ᄒᆞᄂᆞᆫ 災가 有홀지라 ᄒᆞ

고又曰目前에虞를紓ᄒᆞ야혹意外의患을興치말지니人者ᄂᆞᆫ邦의本이오財者ᄂᆞᆫ人
의心이라그心이傷ᄒᆞᆫ즉그本이傷ᄒᆞ고그本이傷ᄒᆞᆫ즉枝幹이顚瘁라ᄒᆞ고ᄯᅩ關中形
勢를論ᄒᆞ야써ᄒᆞ되王ᄋᆞᆫ者ㅣ威를蓄ᄒᆞ야써昭德ᄒᆞ드라도偏廢ᄒᆞᆫ즉危ᄒᆞ고重에居
ᄒᆞ야써馭輕ᄒᆞ드라도倒持ᄒᆞᆫ즉勃ᄒᆞ나니王畿란者ᄂᆞᆫ四方의本이라太宗이府兵을
列置ᄒᆞ야禁衛를分隷ᄒᆞ니大凡諸府ㅣ八百餘所로ᄃᆡ關中에在ᄒᆞᆫ者ㅣᄌᆞ못五百이
라擧天下ㅣ關中의半을敵지못ᄒᆞᆫ즉居重ᄒᆞ야馭輕ᄒᆞᄂᆞᆫ意가明ᄒᆞᆫ지라承平이漸久
ᄒᆞ야武備가浸微ᄒᆞ니비록府衛가具存ᄒᆞᄂᆞ卒히罕習을乘ᄒᆞᆫ故로祿山이倒持의
柄을竊ᄒᆞ고外重의資를乘ᄒᆞ야一擧滔天에兩京이守치못ᄒᆞ니是ᄂᆞᆫ다居重馭輕의
權을失ᄒᆞ고深根固柢의慮를忘ᄒᆞᆷ이니陛下ㅣ追想ᄒᆞᆷ이此에及ᄒᆞᆯ진ᄃᆡ엇지爲ᄒᆞ야
寒心치아니ᄒᆞ리잇가今에朔方太原의衆이山東에遠在ᄒᆞ고神策六軍의兵이關外에繼
出ᄒᆞᆫ지라關輔의間에徵發이임의甚ᄒᆞ고宮苑의內에備衛가全치못ᄒᆞ니萬一將帥
의中에朱滔와希烈과如ᄒᆞᆫ이가혹邊壘를負固ᄒᆞ야豺狼을誘致ᄒᆞ야혹郊畿에竊發
ᄒᆞ며城闕을驚犯ᄒᆞᆷ이有ᄒᆞ면審치못컨ᄃᆡ陛下ㅣ다시엇지써備ᄒᆞ리잇고陛下ㅣ만
일愚計를過聽ᄒᆞ실진ᄃᆡ遣ᄒᆞᆫ바神策六軍李晟等과밋節將子弟를다可히追還ᄒᆞ사
고涇隴邠寧에明勅ᄒᆞ사다만하여곰封守를嚴備케ᄒᆞ소셔仍云호ᄃᆡ다시徵發치말
어ᄒᆞ야금各保ᄒᆞ야安居ᄒᆞᆷ을知케ᄒᆞ고ᄯᅩ德音을降ᄒᆞ야京師와밋畿縣에間架와等
雜稅를罷ᄒᆞᆫ즉임의輸ᄒᆞᆫ者ㅣ怨을弭ᄒᆞ고見處者ㅣ寧를獲ᄒᆞ리니人心이不搖ᄒᆞ야

王翃音宏

大盈庫目內庫也以中人主之地德中第五琦始悉以租賦進大盈庫天子出納爲便故不能復出也

邦本이스스로固ᄒᆞ리이다上이能히用치못ᄒᆞ다

李希烈이圍襄城ᄒᆞ니上이發涇原等諸道兵ᄒᆞ야救之ᄒᆞ다十月에涇原節度使姚令言이將兵五千ᄒᆞ고至京師ᄒᆞ니軍士ㅣ冒雨寒甚이라多攜子弟而來ᄒᆞ야冀得厚賜ᄒᆞ야遺其家러니既至에一無所賜ᄒᆞ고發至滻水에詔京兆尹王翃ᄒᆞ야犒師에惟糲食菜餤이라釋義犒口到反軍餉也餤杜覽反反餅餤也麵裹菜爲之衆이怒ᄒᆞ야蹴而覆之ᄒᆞ고蹴六七反蹋也因揚言曰吾輩ㅣ將死於敵而食且不飽ᄒᆞ니安能以微命으로拒白刃邪아聞瓊林大盈二庫에金帛이盈溢이라ᄒᆞ니不如相與取之라ᄒᆞ고乃擐甲ᄒᆞ고張旗鼓譟ᄒᆞ야釋義擐胡貫反貫也春秋傳擐甲執兵譟先到反群呼也還趣京師ᄒᆞ다

李希烈이襄陽을圍ᄒᆞ니上이涇原等諸道의兵을發ᄒᆞ야救ᄒᆞ다十月에涇原節度使姚令言이兵五千을將ᄒᆞ고京師에至ᄒᆞ니軍士ㅣ雨寒을冒홈이甚ᄒᆞᆫ지라子弟를多攜ᄒᆞ고來ᄒᆞ야厚賜를得ᄒᆞ야그家에遺홈을冀ᄒᆞ더니임의至ᄒᆞ미一도賜ᄒᆞ는바이無ᄒᆞ고發ᄒᆞ야滻水로至홈에京兆尹王翃을詔ᄒᆞ야犒師홈에오직糲食과菜餤이라衆이怒ᄒᆞ야蹴ᄒᆞ야覆ᄒᆞ고因ᄒᆞ야言을揚ᄒᆞ야曰吾輩가將ᄎᆞᆺ敵에게死ᄒᆞ겟고食이

ᄯᅩᄒᆞᆫ飽치못ᄒᆞ니엇지能히徽命으로써白刃을拒ᄒᆞ랴聞ᄒᆞ니瓊林과大盈二庫에金帛이盈溢ᄒᆞ다ᄒᆞ니셔로더부러取ᄒᆞᆷ만不如ᄒᆞ다ᄒᆞ고이에甲을擐ᄒᆞ고旗를張ᄒᆞ고鼓譟ᄒᆞ야還ᄒᆞ야京師에趣ᄒᆞ다

初에神策軍使白志貞이掌召募禁兵ᄒᆞ야東征ᄒᆞᆯ셔死亡者를志貞이皆隱不以聞ᄒᆞ고但受市井富兒賂而補之러니名在軍籍ᄒᆞ야受給賜而身居市廛ᄒᆞ야爲販鬻이러니至是ᄒᆞ야上이召禁兵以禦賊ᄒᆞ니竟無一人至者라賊이已斬關而入이어늘上이乃與王貴妃韋淑妃太子諸王으로自苑北門出ᄒᆞ다

初에神策軍使白志貞이禁兵을召募ᄒᆞᆷ을掌ᄒᆞ야東征ᄒᆞᆯ시死亡ᄒᆞᆫ者를다隱ᄒᆞ고써聞치아니ᄒᆞ고다만市井富兒의賂를受ᄒᆞ야補ᄒᆞ니名만軍籍에在ᄒᆞ야給賜를受ᄒᆞ고身은市廛에居ᄒᆞ야販鬻을ᄒᆞᄂᆞᆫ지라是에至ᄒᆞ야上이禁兵을召ᄒᆞ야써賊을禦케ᄒᆞ니竟히一人도至ᄒᆞᄂᆞᆫ者ㅣ無ᄒᆞᆫ지라賊이임의關을斬ᄒᆞ고入ᄒᆞ거ᄂᆞᆯ上이이에王貴妃와韋淑妃와太子와諸王으로더부러苑北門으로부터出ᄒᆞ다

初에魚朝恩이旣誅에宦官이不復典兵이라有竇文場霍仙鳴者

호야嘗事上於東宮이러니至是호야帥宦官左右僅百人以從호다

初에魚朝恩이임의誅호매宦官이다시典兵치못혼지라竇文場과霍仙鳴이란者가有호야일즉上을東宮에事호더니是에至호야宦官左右겨우百人을帥호야써從호다

姚令言이與亂兵으로謀曰今衆이無主호니不能久持라朱太尉ㅣ閑居私第호니請相與奉之호라衆이許諾어늘乃遣數百騎호야迎朱泚於晋昌里第호니泚ㅣ入宮居含元殿호야設警嚴호고自稱權知六軍이라호다

姚令言이亂兵으로더부러謀호야曰이제衆이主가無호니能히久居치못홀지라朱太尉ㅣ私第에閑居호니請컨딕셔로더부러奉호자혼딕衆이許諾호거놀이에數百騎를遣호야朱泚를晉昌里第에셔迎호니泚ㅣ宮에入호야含元殿에居호야警嚴을設호고스스로權知六軍이라稱호다

上이至咸陽호야思桑道茂之言호야乃幸奉天호니文武之臣이稍稍繼至러라己酉에左金吾大將軍渾瑊이至奉天호니瑊이素有威望이라衆心이恃之稍安이러라

劫之以兵目秀實謂其子弟曰吾當死而殉社稷耳迺往見泚

上이咸陽에至ᄒᆞ야桑道茂의言을思ᄒᆞ야이에奉天으로幸ᄒᆞ니文武의臣이稍稍히繼ᄒᆞ야至ᄒᆞ더라己酉에左金吾大將軍渾瑊이奉天에至ᄒᆞ니瑊이본ᄃᆡ威望이有ᄒᆞᆫ지라衆心이恃ᄒᆞ야稍히安ᄒᆞ더라

泚ㅣ又以司農卿段秀實이久失兵柄으로意其必怏怏이라ᄒᆞ야遣騎士ᄒᆞ야劫之以兵ᄒᆞᆫ대秀實이自度不免ᄒᆞ고乃往見泚어늘泚ㅣ喜曰段公이來ᄒᆞ니吾事ㅣ濟矣라ᄒᆞ고延坐問計ᄒᆞᆫ대秀實이說之ᄒᆞᆫ대使開諭將士ᄒᆞ야示以禍福ᄒᆞ고奉迎乘輿ᄒᆞ야復歸宮闕ᄒᆞ라ᄒᆞᆫ대泚ㅣ默然不悅이러라

泚ㅣ또司農卿段秀實이오ᄅᆡ兵柄을失ᄒᆞᆫ고로써意가반다시怏怏ᄒᆞ리라ᄒᆞ야騎士를遣ᄒᆞ야兵으로써劫ᄒᆞᆫᄃᆡ秀實이스스로不免홀줄度ᄒᆞ고이에往ᄒᆞ야泚를見ᄒᆞᆫ거놀泚ㅣ喜ᄒᆞ야曰段公이來ᄒᆞ니吾의事ㅣ濟ᄒᆞ엿다ᄒᆞ고坐를延ᄒᆞ야計를問ᄒᆞᆫᄃᆡ秀實이說호ᄃᆡᄒᆞ여금將士를開諭ᄒᆞ야禍福으로써示ᄒᆞ야乘輿를奉迎ᄒᆞ고宮闕로復歸케ᄒᆞ라ᄒᆞ니泚ㅣ默然히悅치안터라

上이初至奉天ᄒᆞ야詔徵近道兵ᄒᆞ야入援이러니聞羣臣이勸泚奉迎ᄒᆞ고乃詔ᄒᆞ야諸道援兵至者를皆營於三十里外ᄒᆞ니姜公輔ㅣ諫曰

事急矣秀實與將軍劉海賓涇原將吏何明禮岐靈岳謀誅泚未發

今宿衛ㅣ單寡ᄒᆞ니防慮를不可以不深이다若泚ㅣ竭忠奉迎이면何憚於兵多ㅣ리오마ᄂᆞᆫ如其不然ᄒᆞ면有備라야無患이니이다上이乃悉召援兵ᄒᆞ야入城ᄒᆞ다

上이初로奉天에至ᄒᆞ야近道兵을詔徵ᄒᆞ야入援케ᄒᆞ엿더니羣臣이泚를勸ᄒᆞ야奉迎ᄒᆞᆫ다ᄒᆞᆷ을聞ᄒᆞ고이에詔ᄒᆞ야諸道에援兵이至ᄒᆞᄂᆞᆫ者를다三十里外에營케ᄒᆞ니姜公輔ㅣ諫ᄒᆞ야曰이제宿衛가單寡ᄒᆞ니慮를防ᄒᆞᆷ을可히써深치아니치못ᄒᆞᆯ지라만약泚가忠을竭ᄒᆞ야奉迎ᄒᆞ면엇지兵多ᄒᆞᆷ을憚ᄒᆞ리오만ᄂᆞᆫ만일그然치못ᄒᆞ면備가有ᄒᆞ여야患이업슬지니이다上이이에援兵을悉召ᄒᆞ야城에入ᄒᆞ다

泚ㅣ遣涇原兵馬使韓旻ᄒᆞ야將銳兵三千ᄒᆞ야聲言迎大駕ᄒᆞ니實襲奉天이라時에奉天守備ㅣ單弱이어ᄂᆞᆯ段秀實이謂岐靈岳曰事ㅣ急矣라ᄒᆞ고使靈岳으로詐爲姚令言符ᄒᆞ야令旻으로且還ᄒᆞ야當與大軍으로俱發ᄒᆞ다是日에泚ㅣ召李忠臣源休姚令言及秀實等ᄒᆞ야議稱帝事ᄒᆞᆯ서秀實이勃然起ᄒᆞ야奪休象笏ᄒᆞ고前唾泚面ᄒᆞ고大罵曰狂賊

殺之旻得符而還泚令言大驚靈岳獨承其罪而死海賓明禮等後又死

아 吾ㅣ恨不斬汝萬段호노니 豈從汝反耶아 因以笏로 擊泚ᄒᆞᆫ대 泚ㅣ擧手扞之라가 纔中其額ᄒᆞ야 濺血灑地라 泚ㅣ與秀實로 相搏애 忠臣이 前助泚ᄒᆞ니 泚ㅣ得匍匐脫走어늘 秀實이 知事不成ᄒᆞ고 謂泚黨曰我ㅣ不同汝反이어늘 何不殺我오 衆이 爭前殺之ᄒᆞ다 上이 聞秀實死ᄒᆞ고 恨委用不至ᄒᆞ야 泗涕久之러라

泚ㅣ涇原兵馬使韓旻을遣ᄒᆞ야銳兵三千을將ᄒᆞ야聲言호ᄃᆡ大駕를迎ᄒᆞᆫ다ᄒᆞ니實은奉天을襲ᄒᆞ미라時에奉天에守備가單弱ᄒᆞ거ᄂᆞᆯ段秀實이岐靈岳다려謂ᄒᆞ야曰事ㅣ急ᄒᆞ다ᄒᆞ고靈岳으로ᄒᆞ야금거짓姚令言의符를ᄒᆞ야旻으로ᄒᆞ야금ᄯᅩ還ᄒᆞ야밋당히大軍으로더부러俱發ᄒᆞ라ᄒᆞ다是日에泚ㅣ李忠臣과源休와姚令言과밋秀實等을召ᄒᆞ야稱帝事를議ᄒᆞᆯ시秀實이勃然이起ᄒᆞ야休의象笏을奪ᄒᆞ고前으로泚의面에唾ᄒᆞ고大罵ᄒᆞ야曰狂賊아吾ㅣ汝를萬段으로斬치못ᄒᆞᆷ을恨ᄒᆞ노니엇지汝를從ᄒᆞ야反ᄒᆞ랴因ᄒᆞ야笏로ᄡᅥ泚를擊ᄒᆞᆫᄃᆡ泚ㅣ手를擧ᄒᆞ야扞ᄒᆞ다가纔히그額에中ᄒᆞ야濺血이地에灑ᄒᆞᆫ지라泚ㅣ秀實로더부러相搏ᄒᆞ미忠臣이泚를前助ᄒᆞ니泚ㅣ匍匐ᄒᆞ야脫走ᄒᆞ거ᄂᆞᆯ秀實이事가不成ᄒᆞᆯ줄알고泚의黨다려謂ᄒᆞ야曰我ㅣ汝를同ᄒᆞ야反치안커ᄂᆞᆯ엇지殺我치안ᄂᆞ뇨衆이爭前ᄒᆞ야殺ᄒᆞ다上이秀實이死ᄒᆞᆷ을

誅求之誅 責也

聞ᄒᆞ고委用不至ᄒᆞᆷ을恨ᄒᆞ야涕泗ᄒᆞ기를久히ᄒᆞ더라

朱泚ㅣ自稱大秦皇帝라ᄒᆞ고 改元應天이라ᄒᆞ다

朱泚ㅣ스ᄉᆞ로大秦皇帝라稱ᄒᆞ고元을應天이라改ᄒᆞ다

上이與陸贄로語及亂故ᄒᆞ야深自克責ᄒᆞᆫ대 贄ㅣ曰致今日之患은
皆羣臣之罪也니이다 上이曰此亦天命이오非由人事니라 贄ㅣ退上
疏以爲ᄒᆞᆫ대 陛下ㅣ徵師日滋ᄒᆞ고 賦斂日重ᄒᆞ야 內自京邑으로 外洎邊
陲히 行者ㅣ有鋒及之憂ᄒᆞ고 居者ㅣ有誅求之困ᄒᆞ니 是以로 叛亂
이繼起ᄒᆞ고 怨讟이 並興이라(讟從谷反) 陛下ㅣ有股肱之臣ᄒᆞ고 有耳目之任ᄒᆞ고
有諫諍之列ᄒᆞ고 有備衛之司ᄒᆞᄃᆡ 見危에 不能竭其誠ᄒᆞ고 臨難에 不
能效其死ᄒᆞ니 臣所謂致今日之患이 羣臣之罪者ㅣ 豈徒言
歟잇가 臣은 聞理或生亂ᄒᆞ고 亂或資理라 有以無難而失守ᄒᆞ고 有因
多難而興邦이라ᄒᆞ니 今生亂失守之事則既往이라 不可復追矣어니와
其資理興邦之業은 在陛下ㅣ 克勵而謹修之니 何憂乎亂

人이며 何畏乎厄運이리오 勤勵不息이면 足致升平ᄒᆞ리니 豈止蕩滌祆氛ᄒᆞ야 旋復宮闕而已리잇고

上이陸贄로더부러語ㅣ亂故에及ᄒᆞ야깁피스ᄉᆞ로克責ᄒᆞ거늘贄ㅣ曰今日의患을致ᄒᆞᆷ은다群臣의罪니이다上이曰또ᄒᆞᆫ天命이오人事에由ᄒᆞᆷ이아니니라贄ㅣ退ᄒᆞ야疏를上ᄒᆞ야써호ᄃᆡ陛下ㅣ師를徵ᄒᆞᆷ이日로滋ᄒᆞ고賦를斂ᄒᆞᆷ이日로重ᄒᆞ야內로京邑으로브터外로邊陲에洎ᄒᆞ기行者ㅣ鋒刃의憂가有ᄒᆞ고居者ㅣ誅求의困이有ᄒᆞ니是로써叛亂이繼ᄒᆞ야起ᄒᆞ고怨讟이並ᄒᆞ야興ᄒᆞᆫ지라陛下ㅣ股肱의臣이有ᄒᆞ고耳目의任이有ᄒᆞ고諫諍의列이有ᄒᆞ고備衛의司가有호ᄃᆡ危를見ᄒᆞ미能히그誠을竭ᄒᆞ지아니ᄒᆞ고難에臨ᄒᆞ미能히그死를效치아니ᄒᆞ니臣의일은바今日의患을致ᄒᆞᆷ이群臣의罪라ᄒᆞᆫ者ㅣ엇지徒言이리잇고臣은드르니理가혹亂을生ᄒᆞ며亂이혹理를資ᄒᆞᄂᆞᆫ지라難이업심으로써失守ᄒᆞ미有ᄒᆞ고難이多ᄒᆞᆷ을因ᄒᆞ야興邦ᄒᆞ미有ᄒᆞ다ᄒᆞ니이제生亂과失守의事인즉임의往ᄒᆞᆫ지라可히復追치못ᄒᆞ려니와그資理와興邦의業은陛下가克勵ᄒᆞ샤謹修ᄒᆞᆷ에在ᄒᆞ니엇지亂人을憂ᄒᆞ며엇지厄運을畏ᄒᆞ리오勤勵ᄒᆞᆷ을息치아니ᄒᆞ면足히升平을致ᄒᆞ리니엇지祆氛을蕩滌ᄒᆞ야宮闕을旋復ᄒᆞᆷ에止ᄒᆞᆯᄯᆞᄅᆞᆷ이리잇고

十一月에 神策河北行營節度使李晟이 聞上幸奉天ᄒᆞ고 引兵

妖氛兵塵 不祥之氣也

出飛狐道ᄒᆞ야 (釋義 飛與蜚通 注見漢高三年蜚狐口) 晝夜兼行ᄒᆞ야 至代州어늘 詔加晟神策行營節度使ᄒᆞ다

十一月에神策河北行營節度使李晟이上이奉天에幸ᄒᆞ심을聞ᄒᆞ고兵을引ᄒᆞ야飛狐道로出ᄒᆞ야晝夜로兼行ᄒᆞ야代州에至ᄒᆞ거늘詔ᄒᆞ야晟을神策行營節度使를加ᄒᆞ다

朱泚ㅣ 攻圍奉天經月에 城中資糧이 俱盡ᄒᆞ야 時에 供御ㅣ 纔有糲米二斛이러라 每伺賊之休息ᄒᆞ야 夜縋人於城外ᄒᆞ야 采蕪菁根而進之러니 李懷光이 入援에 晝夜倍道ᄒᆞ야 至河中ᄒᆞ니 有衆五萬이라 李晟이 行且收兵ᄒᆞ니 旬月間에 至萬餘人이러라 泚ㅣ 急攻奉天ᄒᆞ니 城中에 死傷者ㅣ 不可勝數오 賊이 已有登城者어늘 上이 與渾瑊으로 對泣ᄒᆞ니 時에 士卒이 凍餒ᄒᆞ고 又乏甲冑라 瑊이 撫諭ᄒᆞ야 激以忠義ᄒᆞ고 皆鼓譟力戰이러니 李懷光이 自蒲城으로 引兵趣涇陽ᄒᆞ야 並北山而西ᄒᆞ야 癸巳에 敗泚兵於醴泉ᄒᆞᆫ대 泚ㅣ 聞之懼ᄒᆞ야 引兵遁歸長安ᄒᆞ니 衆이 以爲懷光이 復三日不至則城不守矣라ᄒᆞ더라

朱泚ㅣ奉天을攻圍ᄒᆞᆫ지月이經ᄒᆞ미城中에資糧이俱盡ᄒᆞ야時에供御가겨우糲米二斛이有ᄒᆞᆫ지라미양賊의休息을伺ᄒᆞ야밤이면人을城外에縋ᄒᆞ야蕪菁根을采ᄒᆞ야進ᄒᆞ더니李懷光이入ᄒᆞ야援ᄒᆞ미晝夜로道를倍ᄒᆞ야河中에至ᄒᆞ니衆五萬이有ᄒᆞᆫ지라李晟이行ᄒᆞ며ᄯᅩ兵을収ᄒᆞ니旬月ᄉᆞ이에萬餘人에至ᄒᆞ엿더라泚ㅣ奉天을急攻ᄒᆞ니城中에死傷ᄒᆞᆫ者ㅣ可히勝數치못ᄒᆞ겟고賊이임의城에登ᄒᆞᆫ者ㅣ有ᄒᆞ거늘上이渾瑊으로더부러對ᄒᆞ야泣ᄒᆞ니ᄯᅢ에士卒이凍餒ᄒᆞ고甲冑가ᄯᅩ乏ᄒᆞᆫ지라瑊이撫諭ᄒᆞ야忠義로ᄡᅥ激ᄒᆞ고다鼓譟ᄒᆞ며力戰ᄒᆞ더니李懷光이蒲城으로부터兵을引ᄒᆞ고涇陽으로趣ᄒᆞ야北山을並ᄒᆞ야西으로ᄒᆞ야癸巳에泚의兵을醴泉에셔敗ᄒᆞᄃᆡ泚ㅣ듯고懼ᄒᆞ야兵을引ᄒᆞ고長安으로遁歸ᄒᆞ니衆이ᄡᅥᄒᆞ되懷光이다시三日을至치아니ᄒᆞ엿더면城을守치못ᄒᆞ엿스리라ᄒᆞ더라

朱泚ㅣ至長安ᄒᆞ야據府庫之富ᄒᆞ고不愛金帛ᄒᆞ야以悅將士公卿家屬在城者ᄒᆞ야皆給月俸ᄒᆞ고神策及六軍에從車駕及李晟者를泚ㅣ皆給其家糧ᄒᆞ고加以繕完器械ᄒᆞ야日費甚廣이라及長安平ᄒᆞ야府庫에尙有餘蓄ᄒᆞ니議者ㅣ皆追怨有司之暴歛焉이러라

朱泚ㅣ長安에至ᄒᆞ야府庫의富홈을據ᄒᆞ고金帛을不愛ᄒᆞ야ᄡᅥ將士와公卿의家屬

이城에在ᄒᆞᆫ者를悅케ᄒᆞ야다月俸를給ᄒᆞ고神策과밋六軍에車駕와밋李晟을從ᄒᆞᄂᆞᆫ者를다그家에糧을給ᄒᆞ고더써器械를繕完ᄒᆞ야日費가甚히廣ᄒᆞᆫ지라長安을平ᄒᆞᆷ에及ᄒᆞ야府庫에오히려餘蓄이有ᄒᆞ니議ᄒᆞᄂᆞᆫ者ㅣ다有司의暴歛ᄒᆞᆷ을追怨ᄒᆞ더라

李懷光이自山東으로來赴難ᄒᆞ야數與人으로言盧杞趙贊白志貞之奸佞ᄒᆞ고且曰吾ㅣ見上이면當請誅之라ᄒᆞ더니既解奉天之圍에自矜其功ᄒᆞ야謂上이必接以殊禮어늘或이以懷光之言으로告盧杞ᄒᆞᆫ대杞ㅣ懼ᄒᆞ야言於上曰懷光勳業으로社稷이是賴라賊徒破膽ᄒᆞ야皆無守心ᄒᆞ니若使之乘勝ᄒᆞ야取長安則一擧에可以滅賊이어니와今聽其入朝면必當賜宴ᄒᆞ야留連累日ᄒᆞ리니使賊으로入京城ᄒᆞ야得從容成備면恐難圖矣라ᄒᆞ노이다上이以爲然ᄒᆞ야詔懷光ᄒᆞ야直引軍屯便橋ᄒᆞ야與李建徽李晟으로刻期ᄒᆞ야共取長安ᄒᆞ니懷光이自以數千里로竭誠赴難ᄒᆞ야破朱泚解重圍而咫尺에不得見天子ᄒᆞ야意怏怏

咫尺 八尺曰咫

曰吾ㅣ今已爲姦臣所排ᄒᆞ니事可知矣라ᄒᆞ고 遂引兵去ᄒᆞᆯ서 至魯店ᄒᆞ야 留二日에乃行ᄒᆞ다

李懷光이山東으로부터來ᄒᆞ야難에赴ᄒᆞ야ᄌᆞ죠人으로더부러盧杞와趙贊과白志貞의奸侫을言ᄒᆞ고또ᄀᆞᆯ오ᄃᆡ吾ㅣ上을見ᄒᆞ면맛당히誅홈을請ᄒᆞ리라ᄒᆞ더니임의奉天의圍를解ᄒᆞ미그功을自矜ᄒᆞ야上이반다시殊禮로써接ᄒᆞ리라謂ᄒᆞ거늘或이懷光의言으로써盧杞에게告ᄒᆞᆫᄃᆡ杞가懼ᄒᆞ야上게言ᄒᆞ야曰懷光의勳業으로社稷이이賴ᄒᆞᆫ지라賊徒가膽이破ᄒᆞ야다守心이無ᄒᆞ니만약ᄒᆞ야금勝홈을乘ᄒᆞ야長安을取ᄒᆞᆫ則ᄒᆞᆫ번擧ᄒᆞ야可히써賊을滅ᄒᆞ려니와今에그入朝ᄅᆞᆯ聽ᄒᆞ면반다시賜宴ᄒᆞ야累日을留連ᄒᆞ리니賊으로ᄒᆞ야금京城에入ᄒᆞ야從容히備ᄅᆞᆯ成케ᄒᆞ면圖ᄒᆞ가難ᄒᆞᆯ가恐ᄒᆞ노이다上이써올히여겨懷光을詔ᄒᆞ야곳軍을引ᄒᆞ고便橋에屯ᄒᆞ야李建徽와李晟으로더부러期ᄅᆞᆯ刻ᄒᆞ야長安을共取케ᄒᆞ니懷光이ᄉᆞᄉᆞ로數千里로써誠을竭ᄒᆞ야難에赴ᄒᆞ야朱泚를破ᄒᆞ고重圍를解ᄒᆞ고咫尺에서天子를見키不得ᄒᆞ야意에怏怏ᄒᆞ야曰吾가이제임의姦臣의排ᄒᆞᆫ비되엿ᄉᆞ니事를可知라ᄒᆞ고드듸여兵을引ᄒᆞ고去ᄒᆞᆯ시魯店에일으러留ᄒᆞᆫ지二日만에이에行ᄒᆞ다

上이問陸贄以當今切務ᄒᆞᆫᄃᆡ 贄ㅣ以曏日致亂은 由上下之情

이不通이라勸上接下從諫ᄒᆞ고又曰易에乾下坤上曰泰요坤下
乾上曰否요損上益下曰益이요損下益上曰損이라ᄒᆞ니夫天在下
而地處上이於位에乖矣而反謂之泰者ᄂᆞᆫ上下ㅣ交故也요
君在上而臣處下ㅣ於義에順矣而反謂否者ᄂᆞᆫ上下ㅣ不交
故也라上約己而裕於人이면人必悅而奉之矣리니豈不謂之益
乎며上蔑人而肆諸己면人必怨而叛上矣리니豈不謂之損
乎잇가上이遣中使諭之曰朕의本性이好推誠ᄒᆞ고亦能納諫ᄒᆞ야將
謂君臣이一體라ᄒᆞ야全不隄防ᄒᆞ고緣推誠信ᄒᆞ야不疑多被姦人의
賣弄ᄒᆞ니今所致患害ㅣ朕思亦無他라其失이反在推誠이오又
諫官이論事에小能愼密ᄒᆞ고例自矜衒ᄒᆞ야 釋義衒熒絹反自賣也自誇曰矜自媒曰衒 歸過於朕
ᄒᆞ야以自取名ᄒᆞ니朕이從即位以來로見奏對論事者ㅣ甚多ᄃᆡ大
抵皆是雷同이라 釋義雷之發聲物無不同時應者人之言當各由己不當事無可否而同之故謂之雷同也 道聽塗說이오試加質

問에遽即辭窮이라 若有奇才異能이면在朕에豈惜拔擢이리오 卿은宜
深悉此意ᄒᆞ라贊ㅣ以人君이臨下에當以誠信으로爲本ᄒᆞ야諫者ㅣ雖
辭情이鄙拙ᄒᆞ나亦當優容以開言路니 若震之以威ᄒᆞ고折之以
辯則臣下ㅣ何敢進言이리오 又曰臣은聞仲虺ㅣ贊揚成湯에不
稱其無過而稱其改過ᄒᆞ고 吉甫ㅣ歌誦周宣에不美其無闕而
美其補闕이라ᄒᆞ고又曰爲下者는莫不願忠이요爲上者는莫不求理
ᄒᆞ나然而下ㅣ每苦上之不理ᄒᆞ며上이每苦下之不忠ᄒᆞ나 若是者
는何오兩情을不通故也라下之情이莫不願達於上ᄒᆞ고上之情이
莫不求通於下ㅣ나然而下ㅣ恒苦上之難達ᄒᆞ며上이恒苦下之
難知ᄒᆞ나 若是者는何오九弊를不去故也라 所謂九弊者는上
有其六而下有其三ᄒᆞ니好勝人ᄒᆞ며耻聞過ᄒᆞ며騁辯給ᄒᆞ며眩聰明ᄒᆞ며
(釋義眩黃絹反 目無常主也) 厲威嚴ᄒᆞ며恣彊愎(釋義愎弼力反 彊狠也) 此六者는君上之弊也요諂

訣와顧望과畏愞 釋義愞奴亂反 畏懼而怯懦 此三者는臣下之弊也니이다 又曰諫者ㅣ多表我之能好오 諫者ㅣ直은示我之能賢이오 諫者之狂誣는明我之能恕오 諫者之漏泄은彰我之能從이니 有一于斯면皆爲盛德이니이다 上이頗用其言ᄒᆞ다

上이陸贄에게當今의切務로써問ᄒᆞᆫᄃᆡ贄ㅣ써曏日에亂을致홈은上下의情이通치못홈을由홈이라上을勸ᄒᆞ야下를接ᄒᆞ야諫을從ᄒᆞ라ᄒᆞ고ᄯᅩᄀᆞᆯ오ᄃᆡ易에乾이下오坤이上임을曰泰ᄒᆞ고坤이下오乾이上임을曰否오損이上이오益이下임을曰益이오損이下오益이上임을曰損이라ᄒᆞ니무릇天이下에在ᄒᆞ고地가上에處ᄒᆞ미位에乖ᄒᆞᄃᆡ反히泰라謂ᄒᆞᄂᆞᆫ者ᄂᆞᆫ上下ㅣ交ᄒᆞᆫ故요君이上에在ᄒᆞ고臣이下에處홈이義에順ᄒᆞᄃᆡ反히否라謂ᄒᆞᄂᆞᆫ者ᄂᆞᆫ上下ㅣ交치못ᄒᆞᆫ故ㅣ라上이己를約ᄒᆞ야人에裕ᄒᆞ면人이반다시悅ᄒᆞ야上을奉ᄒᆞ리니엇지益이라謂치아니ᄒᆞ며上이人을蔑ᄒᆞ고己을肆ᄒᆞ면반다시怨ᄒᆞ야上을叛ᄒᆞ리니엇지損이라謂치아니ᄒᆞ리잇가上이中使를보니諭ᄒᆞ야曰朕이本性이推誠을好ᄒᆞ고ᄯᅩᄒᆞᆫ能히諫納ᄒᆞ야將ᄎᆞᆺ君臣이一體되리라謂ᄒᆞ야全혀提防치아니ᄒᆞ고緣ᄒᆞ야誠信을推ᄒᆞ야姦人의賣弄을多被홈을不疑ᄒᆞ엿ᄉᆞ니이제致ᄒᆞᆫ바患害ㅣ朕이思ᄒᆞ니ᄯᅩᄒᆞᆫ他가無ᄒᆞᆫ지라그失홈이도리혀推誠에

在ᄒᆞ고또諫官이論事에能히愼密ᄒᆞᆷ이少ᄒᆞ고例ㅣᄉᆞᄉᆞ로矜衒ᄒᆞ야朕에게歸過ᄒᆞ야써ᄉᆞᄉᆞ로名을取ᄒᆞ니朕이卽位로從ᄒᆞ야써來ᄒᆞᆷ으로奏를見ᄒᆞ고論事를對ᄒᆞᆫ者ㅣ甚히多ᄒᆞ되大抵ᄂᆞᆫ다이雷同이라道에서聽ᄒᆞ고塗에서說ᄒᆞᆷ이오試ᄒᆞ야質問을加ᄒᆞᆷ에遽하곳辭가窮ᄒᆞᆫ지라만약奇才와異能이有ᄒᆞ면朕에在ᄒᆞ야엇지拔擢를惜ᄒᆞ리오卿은맛당하此意를深悉ᄒᆞ라贄ㅣ써人君이下애臨ᄒᆞᆷ에맛당히誠信으로써本을삼어諫者ㅣ비록辭情이鄙拙ᄒᆞ나또ᄒᆞᆫ맛당히容을優ᄒᆞ야써言路를開ᄒᆞᆯ지니만약威로써震ᄒᆞ고辯으로써折ᄒᆞᆫ즉臣下ㅣ엇지敢히進言ᄒᆞ리잇고또ᄀᆞᆯ오ᄃᆡ臣은聞ᄒᆞ니仲虺ㅣ成湯을贊揚ᄒᆞᆷ에그過ㅣ無ᄒᆞᆷ을稱치아이ᄒᆞ고그改過를稱ᄒᆞ고吉甫ㅣ周宣을歌誦ᄒᆞᆷ에그闕이無ᄒᆞᆷ을美치안이ᄒᆞ고그補闕을美ᄒᆞ엿다ᄒᆞ고또ᄀᆞᆯ오ᄃᆡ下된者ᄂᆞᆫ忠을願치안으리업고上된者ᄂᆞᆫ理를求치안으리업ᄉᆞ나然이나下가미양上의不理ᄒᆞᆷ을苦ᄒᆞ며上이미양不忠ᄒᆞᆷ을苦ᄒᆞᄂᆞ니是와若ᄒᆞᆫ者ᄂᆞᆫ엇지ᄒᆞᆷ이뇨兩情을通치못ᄒᆞᆫ故라下의情이上게達ᄒᆞᆷ을願치안으리가업고上의情이下에通ᄒᆞᆷ을求치안으리업ᄉᆞᄂᆞ그러나下ㅣ上와難達ᄒᆞᆷ을恒苦ᄒᆞ며上이下의難知ᄒᆞᆷ을恒苦ᄒᆞᄂᆞ니是와若ᄒᆞᆫ者ᄂᆞᆫ엇지ᄒᆞᆷ이뇨九弊를去치못ᄒᆞᆫ故라謂ᄒᆞᆫ바九弊란者ᄂᆞᆫ上이그六을두고下가그三을두엇ᄉᆞ니勝人을好ᄒᆞ며聞過를耻ᄒᆞ며辯給을騁ᄒᆞ며聰明을眩ᄒᆞ며威嚴을厲ᄒᆞ며彊愎을恣ᄒᆞᄂᆞᆫ此六者ᄂᆞᆫ君上의弊요諂諛와顧望과畏愞此三者ᄂᆞᆫ臣下의弊라ᄒᆞ고또ᄀᆞᆯ오ᄃᆡ諫ᄒᆞᄂᆞᆫ者ㅣ多ᄒᆞᆷ은我의能好를表ᄒᆞᆷ이오諫ᄒᆞᄂᆞᆫ者ㅣ直

홈은我의能賢을示홈이오諫者의狂誣홈은我의能恕를明홈이오諫者의漏泄홈은我의能從을彰홈이니斯에一이有ᄒ면盛ᄒ德이될지니이다上이ᄌ못그言을用ᄒ다

李懷光이頓兵不進ᄒ고數上表ᄒ야暴揚盧杞等罪惡ᄒ니衆論이喧騰ᄒ야亦咎杞等ᄂ이어늘上이不得已ᄒ야十二月에貶杞爲新州司馬ᄒ고白志貞으로爲恩州司馬ᄒ고趙贊으로爲播州司馬ᄒ다

李懷光이兵을頓ᄒ야進치아니ᄒ고表를數上ᄒ야盧杞等의罪惡을暴揚ᄒ니衆論이喧騰ᄒ야또ᄒ杞等을咎ᄒ거늘上이실어금마자못ᄒ야十二月에杞를貶ᄒ야新州司馬를숨고白志貞으로恩州司馬를숨고趙贊으로播州司馬를숨다

陸贄ㅣ言於上曰今盜ㅣ遍天下에輿駕ㅣ播遷ᄒ니陛下ㅣ宜痛自引過ᄒ야以感人心이니이다昔에成湯은以罪己로勃興ᄒ고楚昭는以善言으로復國ᄒ니陛下ㅣ誠能不吝改過ᄒ야以言으로謝天下ᄒ야使書詔로無所避忌면臣雖愚陋나可以仰副聖情ᄒ야庶令反側之徒로革心同化ᄒ리이다上이然之故로奉天所下詔書를雖狂將悍

卒도이라 聞之에 無不感激揮涕라 上이 又以中書所撰赦文으로 示贄ᄒᆞᆫ대 贄ㅣ 上言以爲호대 動人以言에 所感이 已淺이니 言又不切이면 人誰肯懷오리 又以知過는 非難이며 改過는 爲難이며 言善은 非難이오 行善은 爲難이니 假使赦文이 至精ᄒᆞ야도 止於知過言善이라 猶願聖慮ㅣ 更思所難이니이다 上이 然之ᄒᆞ다

陸贄ㅣ上게言ᄒᆞ야曰今에도적이天下에遍ᄒᆞ미輿駕가播遷ᄒᆞ니陛下ㅣ맛당이痛이스々로過를引ᄒᆞ야써人心을感홀지니이다昔에成湯은己를罪홈으로써興勃ᄒᆞ고楚昭은善言으로써國을復ᄒᆞ얏스니陛下ㅣ진실노能히改過ᄒᆞ심을吝치말어言으로써天下에謝ᄒᆞ야書詔으로ᄒᆞ야금避忌ᄒᆞ는비업게ᄒᆞ면臣이비루愚陋ᄒᆞ나可히써聖情을仰副ᄒᆞ야거의反側ᄒᆞ는徒로ᄒᆞ야금心을革ᄒᆞ야化에向케호리이다上이然히역인故로奉天에下ᄒᆞᆫ바昭書를비록狂將과悍卒이라도聞홈에感激ᄒᆞ야涕를揮치안는이無ᄒᆞᆫ지라上이또中書ㅣ撰ᄒᆞᆫ바赦文으로써贄에게示ᄒᆞᆫ대贄ㅣ言을上ᄒᆞ야써호되人을言으로써動홈에感ᄒᆞ는비ㅣ임의淺ᄒᆞ니言이또切치못ᄒᆞ면人이誰가肯ᄒᆞ야懷하리오또써過를知홈은難치안코過를改홈은難ᄒᆞ며善을言홈은難치안코善을行홈은難이되ᄂᆞ니假使赦文이지극히精ᄒᆞ야知過와言善에止ᄒᆞ

드라도 오히려 願컨ᄃᆡ 聖慮ㅣ 다시 難ᄒᆞᆫ바를 思ᄒᆞᆯ지니이다 上이 然히 여기다

(庚申)劉晏與朱泚書初晏爲吏部尙書楊炎爲侍郞不相悅及炎獨任大政專以復恩讐爲事貶晏爲忠州刺史朱泚初爲盧龍節度使李懷仙部將泚與滔殺懷仙衆推泚知留後德宗改鎭鳳翔(辛酉)裴延齡性苛刻專剝下附上譎怪辯給帝知其詐但以不隱欲聞外事故斷用不疑恃得君少降下嫚罵近臣人皆反仄目及卒人語以相安惟帝悼不已僕固懷恩鐵勒部下人初祿山叛從郭子儀討賊雲中代宗時拜太保兼中書令太寧郡王德宗二年病死靈武李懷光渤海靺鞨人父茹以功賜姓李爲朔方節度使德宗時懷光率兵敗朱泚如副元帥爲盧杞阻隔陰連朱泚帝遣渾瑊討之爲朔方副將所斬傳首以獻渾瑊本鐵勒九姓之渾部也從子儀與慶緖戰功多拜太常卿德宗時平朱泚論功拜兼侍中封咸寧郡王卒諡忠武畏偪不終光弼與子儀齊名世稱李郭卒爲魚朝恩程元振所忌日謀有以中傷之光弼恐會吐蕃寇京師代宗詔入援光弼畏禍還延見上卷甲辰年(壬戌)兩河河南北河南淄靑李正己河北魏博田悅盧龍朱滔成德王武俊鎭冀李惟岳也共謀拒命見上辛酉年滔不可幽州判官李子千等共議以爲如此則常爲叛臣用兵無名使將吏無所依歸請與鄆州爲四國俱稱王滔等皆以爲然於是各稱王鄆州淄靑所領(癸亥)逆朱泚逆迎也朱泚見上本傳朱滔合田悅叛陰遣人與泚相聞馬燧獲其書帝召泚還京師段秀實初爲涇原節度使及楊炎專政欲浚陵陽渠以興屯田訪以利害秀實以爲今邊備尙虛未宜興事以召寇炎怒以爲沮己徵爲司虛卿

詳密註釋 通鑑諺解卷之十三終

詳密註釋 通鑑諺解 卷之十三

重版 印刷●2001年 7月 1日
重版 發行●2001年 7月 5日

校 閱●明文堂編輯部
發行者●金 東 求

發行處●明 文 堂
서울특별시 종로구 안국동 17～8
대체 010041-31-001194
전화 (영) 733-3039, 734-4798
(편) 733-4748
FAX 734-9209
Homepage www.myungmundang.net
E-mail om@myungmundang.net
등록 1977. 11. 19. 제1～148호

값 6,000원
ISBN 89-7270-646-9 94910
ISBN 89-7270-049-5(전15권)